KB151619

전국 초, 중, 고 11,555개 학교운영위원회 회장
송인정의 10년간 학교 사랑 이야기

뿔난
학부모의
아름다운 반란

초판 » 1쇄 발행 2014년 2월 13일
지은이 » 송인정
기획 » 좋은교육지원(주)

펴낸이 » 김복순
디자인 » 이주현
펴낸곳 » 도서출판 높은오름

등록번호 » 제4-270호
등록일자 » 1994년 12월 19일
주소 » 서울시 성동구 성수이로 7길 7, 512호
전화 » 02_497_1322~5
팩스 » 02_497_1326
홈페이지 » www.kidari.co.kr
전자우편 » kidarico@hanmail.net

ISBN » 978-89-86228-66-3
값 » 12,000원

지음 » 송인정

전국 초, 중, 고 11,555개 학교운영위원회 회장
송인정의 10년간 학교 사랑 이야기

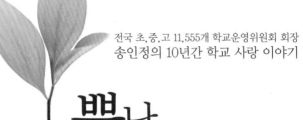

뿔난
학부모의
아름다운 반란

도서
출판 **높은오름**

"창조교육
이제 학부모가 나설 때다"

학부모로서, 운영위원으로서 10년!

멋모르고 시작한 대구용지초등학교 운영위원장에서부터 대구학교운영위원회 회장, 전국 회장을 거치면서 전국의 학부모와 운영위원들이 함께 해야만 했던 것들을 진솔하게 여과 없이 기술하였다.

학부모마다 자녀를 키우면서 겪는 다양한 일들이 있을 것이다. 가정적인 것들은 그나마 우리 스스로 결정할 수 있지만, 학교나 교육행정기관에서의 일들은 참여 자체가 어렵고 의견 반영도 잘 안 되는 구조로 되어 있다.

필자 역시 학부모의 한 사람으로 정책적 건의를 하였으나 학교 붕괴, 공교육 질 저하, 기러기 아빠의 양산, 세계에서 유래 없는 사교육비의 증가, 이념대립 등 많은 교육 문제들을 해결할 수 있는 기본적인 의견들이 반영되지 않았다.

이러한 원인은 '수요자 중심의 교육자치를 한다'고 말로만 하였지 실상은 일방적인 교육행정체계와 교원만이 참여하는 교육자치제도를 만들어 20여 년 동안 독점운영을 하였기 때문에 나타난 부작용이라 할 것이다. 특히 교원단체들은 진보와 보수로 편을 가르고 학생들을 이념 대결의 장으로 내몰아 자신들이 속한 단체의 이익을 극대화시키는 도구로

이용함으로써 그 총체적 폐해는 고스란히 교육수요
자인 학생·학부모가 떠안게 되었다.

그동안 한 명 한 명의 학부모들이 얼마나 가슴 졸
이고 걱정하면서 아이들을 학교에 보냈을까 생각해
보면 '교육수요자를 얼마나 우습게 여겼으면 그럴
까?'하는 생각에 가슴이 답답하다.

교육은 백년대계라고 한다. 이제라도 교육수요자
가 중심을 잡아야 한다! 학부모가 직접 나서야 한
다! 그래야만 교육수요자의 정책이 실현된다. 그러
면 공교육 질 향상, 사교육비 절감, 진보·보수의
종식, 교사가 존경받는 학교가 자연스럽게 만들어
질 것이다.

이 글을 쓰기까지 많은 고심이 있었지만 그동안

수요자 중심의 교육활동에 적극 참여한 학부모와 운영위원들의 '전국의 학부모들에게 지금까지의 활동사항과 앞으로 해야 할 일들을 꼭 알렸으면 좋겠다'는 이야기가 있어서 펜을 들게 되었다. 많은 후원과 관심을 가져 주셔서 너무 고맙다는 말 외에 할 말이 없다. 그저 가슴이 먹먹할 뿐이다.

2014년 1월 원단에
송인정 드림

뿔난
학부모의
아름다운 반란

》 본문

멋모르고
풍덩 빠지다

10년. 강산도 변한다는 이 시간은 2004년 학부모가 되면서부터 시작되었다. 마음이 설렌다. 우리 아이가 초등학교에 들어갔다. 필자도 초등학교의 즐거운 추억이 있어서 아이에게 이것저것 이야기해 주고 '학교에 가서 이렇게 하고 저렇게 하라'고 별로 잘 먹히지도 않는 이야기들을 나만 신나서 많이 한 것 같다.

3월 초순경 학교로부터 학교운영위원회 위원을 선출한다는 가정통신문이 왔다. 미국 뉴욕 주재관으로 있을 때 학교 운영에 관심이 많았었는데 우리나라에서도 이러한 제도가 있구나 하고 관련 법규를 찾아보니 초중등교육법에 근거하여 만들어져 운영되는 법정위원회였다.

고시합격 후 경북도청에서 행정을 해본 터라 학교행정도 알아볼 겸 해서 별 부담 없이 '학생을 위해 뭔가 내가 할 일이 있겠구나' 하는 생각에서 지원서를 내었다.

학부모총회 날 교문을 들어서면서부터 진땀이 났다. 학부모 중 '학모'만 있고 '학부'는 눈에 보이지 않았다. 총회에 참석한 학부모가 1,000명이 넘어 직접선거를 하지 못하고 반 대표 학부모를 선출하여 간접선거를 하였다. 52명의 반 대표 학부모들이 투표하여 운영위원을 선출하였다. 다행히 선출이 되었지만 하루종일 어색하고 부자연스러운 내 모습을 보면서 실없는 웃음만 머금을 뿐이었다.

4월 초순경 처음 운영위원회가 열려 위원장 선출이 있었다. 아무런 공약도 없이 교황 선출방식과 비슷하게 운영위원장을 뽑는 방식이었다.

5학년 학부모 위원과 필자가 각각 5표가 나와

과반수(총 14명 투표)를 넘지 못해 2차 투표로 들어갔다. 2차 투표에서 또 각각 7표가 나왔다. 2차 투표에서 두명 다 과반수를 넘지 못하고 가부 동수인 경우 연장자가 당선되도록 규정되어 있었는데, 주민등록상 필자가 1살 위로 되어 있어서 1학년 아이의 아빠가 운영위원장이 되는 참으로 아이러니한 행운을 얻게 되었다.

이렇게 하여 학부모로서 우리나라 학교운영위원회에 아무것도 모르고 풍덩 발을 디딘 계기가 되었다.

웬 돈이
이렇게 많이 들어?

　학교 운영위원장으로서 몇 달을 활동해 보니 운영위원회의 기본 취지와는 다르게 과거의 '육성회'로 인식한다든지 또는 '금전적인 것을 기부하는 사람'으로 인식하는 경우가 많았다.

　이러한 생각들을 바꾸고 깨끗하고 청렴한 학교 풍토를 만들기 위하여 추진한 것이 '청렴한 학교만들기운동'이었다.

　학부모들이 돈을 낼 수밖에 없는 일부 교원들의 언행을 보면 ①어느 학교 운영위원장은 혼자 몇 백만원을 기탁하여 교원들의 사기를 높인다고 운영위원회 때 이야기 하는 행위 ②운동회 때 타 학교 운영위원장은 개인 이름으로 수건 등을 제작하여 돌리는 것이 매우 보기 좋다고 이야기하는 행위 ③체육복을 단체로 입고 운동회를 했으면 좋겠다고 하는 행위 ④어떤 일이 발생할 때 학부모 운영위원이 돈을 내서 해결하면 문제가 되지 않는다고 말하는 행위 ⑤반별로 소정의 금액을 모아 학부모회를 운영하게 하거나 학부모들에게 모금을 하는 행위 ⑥운영위원장이 교사들에게 식사 한 번은 사야한다고 말하는 행위 ⑦졸업식 때 운영위원장 상을 주어야 하니까 운영위원장이 상품 값을 부담해라고 하는 행위 ⑧교장이 부임해 왔는데 운영위원장이 인사하러 오지 않는다고 타 위원이나 학부모 간부에게 공공연히 말하는 행위 ⑨운영위원회 학부모위원은 과거 육성회의 간부 역할을 해야 한다고 공공연히 말하는 행위 등이었다.

그 외에도 학부모회 임원들이 부담해야 하는 비용도 만만치 않았다. 기본으로 1년에 몇백은

들어가곤 했다.

이러한 것들을 개선하고자 교육감에게 위와 같은 언행을 하지 않도록 교장, 교감들에게 공직자 기본 윤리교육을 실시하도록 건의하였다. 또한, 학교운영위원장이 운영회의 개최 시 청렴한학교만들기운동 취지를 설명하고 운영위원들에게 일체의 금전적 모금행위를 하지 않도록 하면서 건전한 감시자의 역할을 수행하도록 하였다.

학부모 연수회 때에는 청렴한학교만들기 서명운동을 전개하고, 학교별 곤란한 일이 발생할 때 즉시 운영위원장협의회에 이야기하여 공동으로 대처하도록 함으로써 운동의 효과를 높였다. 학부모들의 호응이 너무나 좋았다.

목련시장,
음식이 동나다

용지초등학교 학부모 운영위원은 모두 7명인데 여름을 지나면서 아빠가 함께 참여할 수 있는 축제를 해보자고 제안하였다. 아빠들이 참여하려면 저녁 시간에 해야 했다.

깊어가는 가을밤에 우리 학생들에게 교정의 아름다운 추억과 함께 학생, 학부모, 교사가 함께 어우러지는 지역 축제의 한마당으로 만들어가기 위함이었다.

처음에는 선생님들의 반대가 많았지만 결국 운영위원회를 개최하여 10월 22일 예술제 마지막 날에 '용지 꿈나무 별빛축제'를 하기로 결정하였다.

축제 프로그램은 졸업생 반별 장기 자랑, 학년별 장기공연, 합창단 합창, 합주부 합주, 사물놀이패 공연, 무용 또는 음악연주, 시낭송, 가족노래자랑 등 다양하게 구성하였다.

또한 축제 때 결식아동과 난치병 어린이를 위해 먹거리 장터를 운영하기로 하였는데, 약 2,000여 명이 먹을 수 있도록 장터국밥, 김밥, 라면, 떡볶이, 음료수, 차 등을 행사 이틀 전부터 준비하느라 아주 애를 먹었다.

저녁 6시 경 어둠이 교정을 뒤덮자 중앙무대에서 축제 프로그램이 착착 진행되었다. 대부분의 학생들은 아빠와 함께 축제에 참여하여 뜻깊은 가을밤의 별빛 추억을 만들어 갔다.

그런데 이게 웬 일입니까? 2,000여 명이 먹을 음식이 7시도 안되어 바닥이 나버렸다. 주변의 분식집, 김밥집에서 음식을 공급해 와도 30분을 더 버티지 못하였다. 축제 참여인원이 4,000명이 넘었기 때문이다.(대구용지초등학

교는 학생이 2,400명인 학교임)

학교 옆 목련시장 주변에 음식점이 많이 있는데, 축제를 마친 9시부터 모든 음식점에 인파가 넘쳐나 줄을 서거나 음식재료가 고갈되는 등 초유의 사태가 발생하였다.

그 후로 주변 상가에서는 신학기가 되면 학교 축제가 언제 하는지에 대해 제일 먼저 물어보는 웃지 못 할 상황이 전개되었다.

교원평가제
시동 걸다

2005년 6월. 2년째 용지초 운영위원장을 하면서 수성구 32개 초등학교 운영위원장협의회 회장과 대구광역시 초중고 전체 사무총장을 겸하고 있었다.

학부모들은 교원평가를 하자고 강력하게 주장하였고 교원들은 교원평가 불가를 선언하고 있던 상태에서, 충북 청주에서 전국 16개 시·도 학교운영위원장협의회 회장단들이 모여 전국적인 조직 결성과 더불어 교원평가제 도입 및 즉각 실시를 촉구하는 성명서를 발표하여 전국적 관심을 가지는 조직으로 부상하였다.

당시에 참여하였던 전국 16개 시·도 학교

운영위원장협의회 회장단 중에서는 강원도 나흥주 회장과 충청북도 정종현 회장이 지금까지 필자와 함께 10년 넘게 활동을 하고 있다.

청주에서의 성명서 발표 후, 대구에서도 약 300여 명의 운영위원장들이 대구시교육청 교육정보원에 모여 교원평가제 실시를 촉구하는 대회를 개최함으로써 지역과 중앙을 연계하여 교원평가제 제도를 도입하는데 시동을 걸게 되었다.

학교 내부에서의 반발도 매우 거셌다. 특히 진보 교원들의 반발은 상상을 불허할 정도였다. 교원평가제 시범학교인 화원고등학교 담벼락에 시범학교로 승낙한 교장에게 욕을 하는 문구도 버젓이 등장하였다. 그때 대구의 학교운영위원장협의회의 임원들이 방문하여 교장선생님을 격려하고, 교내에서 스프레이로 욕을 하는 등의 일탈이 일어나지 않도록 엄중 경고를 하기도 하였다.

교원평가제 실시 촉구를 위해 김신일 교육인

❶ 교원평가제 실시 건의문 전달 (안병만 교육과학기술부 장관)
❷ 교원평가제 실시 촉구 건의 (김신일 교육인적자원부 장관)
❸ 교원평가제 실시 촉구 선언문 낭독

적자원부 장관을 항의 방문하였고, 그 후 안병
만 교육과학기술부 장관에게 교원평가제 법 개
정을 촉구하였으나 국회에서 쉽사리 통과되지
않아 학교를사랑하는학부모모임(대표 최미숙)
등 학부모 단체들과 함께 교원평가 실시를 위
한 시위도 병행하였다.

교원평가제는 교원들의 인사와 연동을 시키
지 못하고 2010년에 전면적으로 시행하였는데,
그나마 반쪽짜리인 이 제도가 시행되기까지는

❹교원평가제 법 제정 촉구 집회
 (서울정부청사 교육인적자원부 앞)

전교조나 한국교총 등 교원 단체의 결사반대와 안○○ 등 일부 국회의원의 제동으로 많은 어려움이 있었다.

그러나 학부모들의 기본적 권리와 공교육 경쟁력 향상을 위해 교육인적자원부 장관 항의 방문, 성명서 발표, 서명운동, 시위 등 다양한 방법으로 교원평가제 도입을 위해 압박을 가하였다. 이렇게 약 6년간 교원평가제 시행을 위해 겪어야 했던 험난한 세월의 중심에는 전국학교운영위원연합회가 있었다.

그 후 2010년 전국적으로 교원평가제를 실시할 때 교육과학기술부에서 교원평가의 방법, 관리, 운영위원의 역할 등의 연수를 위탁받아 161개 시·도 및 지역교육청의 학교운영위원 5만 5,000명을 교육하게 되었다.

뿔난 학부모들의 반란

2005년 초여름. 용지초 교장선생님이 너무 자주 바뀌는 것을 불평하는 학부모들의 민원이 있었다. 전임 교장선생님이 1년 반 만에 퇴임하고, 이번 교장선생님도 정년을 2년 남기고 우리 학교에 오면서 '우리 학교가 교장 퇴임시키는 전문학교냐?'며 학부모들이 불평을 많이 하였다.

당시에만 해도 교장이 퇴직하면 학부모 임원이나 학부모 운영위원들이 돈을 거두어 퇴임식을 해주어야 하는 잘못된 관례가 존속하고 있었다.

이 문제를 해결하기 위해 학부모 운영위원들

이 머리를 맞대었다. 결론은 우리 학교가 초빙교장제 학교로 지정되면 4년간의 안정적으로 학교를 운영할 수 있는 유능한 교장을 모셔올 수 있다는 것이었다.

지금은 초빙교장제가 일반화되었지만 그 당시에는 첫째 교육감이 학교를 지정하는 방법이 있고, 둘째 학교운영위원회에서 먼저 심의한 후 교육감에게 지정해 달라고 심의내용이 올라가면 교육감 재가 후 초빙교장제 학교로 지정되는 방법이 있었다. 특히 두 번째의 방법은 우리 학교처럼 교장이 선호하는 1순위 학교에는 적용하지 않도록 하는 교육청의 지침과 내부적인 묵계가 되어 있었던 시기였다.

학부모 운영위원 7명이 전원 사인하여 의안을 제안하고 운영위원회가 개최되었다. 팽팽한 긴장감이 흐르는 운영위원회가 개최되었다. 그 와중에 지역위원(당시 대구광역시교육청 초등교육과장)이 무단으로 3회 나오지 않아 제명하자는 의안이 먼저 상정되었다. 아무 이유없이 3회 무단으로 회의에 불참하면 위원회의 의결로 제명할 수 있도록 되어 있었다.

먼저 교장선생님이 옹호하고 나섰다. 지역위원이 자신에게 직접 전화가 와서 출장 등의 이유로 참석불가를 이야기 하였다고 하였다. 그러나 학교운영위원회는 교장선생님이 기관장을 맡고있는 것이 아니다. 간사(행정실장)-부위원장-위원장이라는 체계가 있다. 필자는 위원장으로서 불참석 이유를 한 번도 듣지 못하였다.

논의 결과, 제안 안건을 먼저 처리하고 마지막에 지역위원 제명을 다시 의결하기로 하고 회의를 진행하였다. 마지막 제안 안건을 처리하는 중에 지역위원이 회의에 참석했다. 학교에서 긴급하게 연락을 하여 회의에 참여토록 한 것이다. 회의 말미에 지역위원이 '앞으로 성실히 참석하겠다'는 다짐을 받고 제명안을 철회했다.

초빙교장제 역시 험악한 분위기와 어려운 상황에서 심의 통과되었다. 이제는 교장이 심의 내용을 교육청으로 공문을 올리고 교육감의 재가를 받는 절차가 남았다. 그러나 시행 시기 등의 일부 문제점이 있어 결과적으로 초빙교장제 학교로 지정받지는 못하였지만, 임기가 3년 반 이상 남은 유능한 교장을 발령내는 것으로 타협이 이루어 졌다.

단위학교 운영위원회를 하면서 이렇게 분위기 험악하게 회의를 한 것은 처음이었다. 우리들은 이것을 '뿔난 학부모들의 반란'이라고 부르게 되었다.

신개념의 사랑과 인정을 전하다

2005년 가을. 수성구운영위원장협의회 정기회의에서 각 학교별로 급식비를 내지 못하는 학생들이 다수 있다는 것이 화두가 되었다. 교육복지가 구석구석까지 미치지 못하고 차상위의 학생들 상당수가 실제적인 어려움에 처해 있는 것으로 파악됐다.

협의회 차원에서 '결식학생돕기후원회'를 구성하여 모금의 방법을 연구하였다. 가장 기본적으로는 잘 알다시피 후원의 날을 정하여 후원금을 모으는 방법이 있다.

그러나 이러한 방식으로는 지속적이면서 많은 사람들의 참여를 끌어내기는 매우 어려웠다. 여러 차례 회의와 방법을 연구한 후에 결식 학생돕기 후원을 단위학교별로 전개하기로 하고, 학교별 모금된 금액은 모금에 참여한 학교의 어려운 학생들을 우선 지원하는 방식으로 하여 많은 학부모의 참여를 이끌어내는 방식을 사용하였다.

금액은 1구좌 3,000원으로 하여 매월 자동이체를 하는 방식이었다. 학부모가 자동이체 신청서를 내면 은행에 넘겨 지정된 통장으로 기금을 모으는 형식이다. 기금의 통장은 각 학교별 운영위원장이 관리하였다.

16개 학교가 참여하였으며, 한 학교당 150명 내외로 총 2,400명의 학부모들이 후원에 참여하였다. 학교별 기금은 연 500만 원 내외였으며, 전체의 기금 규모는 연 7천만 원 정도였다. 특히 당시 용지초, 황금초, 청림초 등에서 가장 적극적으로 추진하여 타 학교의 귀감이 되었다.

이러한 선진적 후원체계의 구축은 학부모만

참가하는 것이 아니라 교사들도 적극 참여하였으며, 학교 주변의 상가와 학생들이 참여하는 경우도 있었다. 이렇게 신개념 결식학생돕기 후원체계를 구축하여 매년 200여 명의 학생들에게 따뜻한 사랑과 인정을 전할 수 있었다.

> 부록 146p : 황금초 교장선생님의 감사글

교원단체총연합회 회장(이원희)과의 결식학생돕기 후원 협약 체결

버스 지나간 뒤
손 흔드는 연수

학교는 3월에 시작된다. 운영위원회는 3월 말까지 구성하여 4월 초에 처음 운영위원회를 개최하여 위원장 및 부위원장 선출과 더불어 신학기의 중요한 사항에 대하여 5~7가지 의안을 심의하는 것이 일반적인 구조이다.

그런데 이러한 학교의 중요한 사안에 대해 심의 의결해야 할 운영위원에게 가장 필요한 것이 직무의 전문성이다. 물론 다년간 운영위원의 경험이 있는 경우에는 진행일정이나 회의방법, 심의내용에 대한 것들이 축적되어 있으나 보통의 신규 운영위원들은 아무런 사전지식이 없이 학교운영위원회에 참여하게 된다.

시·도교육청이나 지역교육지원청에서 실시하는 연수실태를 보면 5월 말경에 2시간 집체교육을 한번하고, 지역교육지원청에서는 거의 하반기에 2시간 연수를 실시하는 등 형식적으로 운영위원 연수를 하고 있었다. 버스 지나간 뒤에 손 흔드는 격이다.

따라서 필자는 항상 3월 20일 전에 운영위원들이 선출되면 4월 10일경 1차 운영위원회의 개최하기 전에 반드시 운영위원의 전문성을 살릴 수 있도록 연수를 반드시 해줄 것을 요청하였다. 또한 매년 2월경에 예비 학교운영위원을 위한 연수 프로그램을 반드시 운영해 줄 것을 건의 하였으나 교육부나 시·도 교육감들이 이에 대해서는 무관심으로 일관하였다.

필자가 수성구운영위원장 협의회 회장을 있을 때 1차 운영위원회를 하기 전에 상기의 방법으로 자체 연수를 실시하였고, 위원 스스로 참여하여 연수함으로써 성과를 높일 수 있었다. 그러나 이러한 연수는 일정 경비가 수반되기 때문에 장기적으로 예산을 지원받지 못한 상태에서 운영하는 데는 한계가 있었다.

학교운영위원 위탁연수는 강원도 학교운영위원연합회가 교육청으로부터 연수위탁을 받아 당일, 1박2일 등 다양한 방법으로 진행하는 등 현재로서는 전국에서 가장 모범적으로 연수를 잘 진행하고 있다.

월간《학부모》를
발행하다

전국 학부모들에게 필요한 자녀교육 정보와
학교운영위원들간의 정보교류 및 소통을 위한
채널로 전국학교운영위원회총연합회의 기관지
형식으로 월간 학부모를 발간하게 되었다.

그때까지만 해도 인터넷, 페이스북, 트윗터,
밴드 등 상호간 소통기구가 마땅치 않았고,
시·도 회장들의 발간 건의에 따라 월간《학부
모》를 발행하게 되었다. 120페이지 분량으로
매월 1만 2,000부를 발행하여 전국 초·중·
고등학교에 1부씩 배부하였다. 편집장과 5명의
기자로 구성하여 전국의 학교운영위원회 소식
과 학부모에게 필요한 다양한 정보를 제공하기

시작하였다.

당시 필자는 경기도 이용식 회장과 함께 전국 공동회장직을 맡고 있었다. 2005년 충북 청주에서 16개 시·도 학교운영위원회협의회 회장단이 모여 1기 의장으로 김영주 인천 회장을 선출하여 전국 조직으로 처음 출발하였고, 그 후 2006년에 대구 회장인 필자와 경기회장이 공동대표로 선출되어 2기 전국 연합회 업무를 총괄하게 되었다.

월간 학부모를 발행하는데 소요되는 전체 비용은 월 4천만 원 정도였다. 초창기 발행의 비용을 필자가 책임지고 진행하면, 단위학교별로 운영위원장들이 1부씩 구독하여 경비를 충당하기로 16개 시·도 회장들의 약속하에 진행하였다.

그러나 16개 시·도 회장들과 단위학교 운영위원장들의 임기가 1년, 많게는 2년 주기로 바뀌면서 연속성이 떨어져 구독으로 연결되기가 어려웠다.

　이렇게 약 2년간 월간 학부모 발행으로 학부
모들에게 많은 정보를 지원하였으며, 전국학교
운영위원연합회의 위상도 크게 높이는 계기가
되었지만 발행에 따른 재정난 가중으로 간행을
중단하였다.

전교조 연가투쟁을
저지하다

2006년 가을. 긴급 16개 시·도 회장단 회의가 소집되었다. 이유는 전국교직원노동조합(이하 전교조)이 수능 1주일을 앞두고 연가투쟁하는 것을 저지하기 위한 대책회의였다.

당시 전교조는 항상 수능 1주일 전에 각 학교별로 평일에 연가를 내고 서울에 모여 전국적 연가투쟁을 하였다. 수능 1주일 전에 수업도 팽개치고 학생을 볼모로 잡고 학부모들을 불안하게 하는 연가투쟁을 전개함으로써 집단의 이익을 획득하고자 하는 극단의 이기주의 행태였다.

또한 전교조 소속 교원들이 '몸이 아프다'는 핑계로 연가신청을 교장에게 제출하고 서울로

투쟁하러 갔다. '연가투쟁 하러간다'고 연가신
청 사유서를 제출하면 학교에서 허락하지 않으
니까 편법을 사용하여 연가투쟁에 참여하였던
것이었다.

학부모들은 이 연가투쟁이 잘못되었고, 편법
을 이용하는 교사로부터 수업을 받아야 하는
참으로 암담한 현실임에도 불구하고 적극적으
로 대응하는 학부모 조직도 없었고, 하기도 어
려운 실정이었다.

전교조 연가투쟁 저지 궐기대회 (서울프레스센터 국제회의장)

긴급 회의 결과 전국 16개 시·도 회장단이 앞장서고, 230개 시군구 학교운영위원장협의회 회장들이 모두 참여하여 '전교조 연가투쟁 저지 궐기대회'와 전교조가 반대하는 '교원평가제 도입'을 적극 추진하기로 하였다.

　또한 연가투쟁에 참가한 전교조 교원들이 다음날 학교에 출근하려고 하면　학교에 들어가지 못하도록 교문 앞에서 '출근 저지운동'을 동시에 벌이기로 하였다.

교원평가제 실시 촉구 (서울프레스센터 국제회의장)

2006년 11월 17일 서울프레스센터 국제회의장. 약 400명의 전국운영위원장협의회 회장들과 단위학교 운영위원장들이 모였다. 누구의 지원도 없이 개인 사비를 털어 전국 1,400만의 학부모들이 겪는 어려움을 해소하고 학부모가 희망하는 교원평가제 도입을 전국으로 확산하는 결정적 계기를 만들었다.

연가투쟁 저지 궐기대회 이후로 전교조는 더 이상 연가투쟁을 하지 않게 되었고 정부는 교원평가제 도입을 위한 시범학교 운영을 추진하게 되었지만, 이 사건을 계기로 전교조는 본회를 적대적으로 공격하는 행태를 취하게 되었다.

대구에서 서울로

2006년 11월 말. 지난달 전교조와 일전을 치른 후 전국적으로 대표적 학부모단체로 거듭난 '전국학교운영위원회총연합회'를 운영하기 위해서는 서울 본부가 필요하였다. 또한 월간 학부모의 창간(10월)은 대구에 사무실을 두고 발행하였는데, 단체의 조직 규모가 확대되어 서울에서 발행해야 할 필요성이 더욱 커지게 되었다.

그러나 이러한 필요성에도 불구하고 정작 필자 개인적으로는 대구에서 서울로 이동하기가 매우 어려운 실정이었다. 12월 20일경 셋째 아이의 출산이 예정되어 있었기 때문이다.

결단이 필요하였다. 주변에 조언도 구했다.

반반이었다. '서울로 가야 한다'와 '아직은 아니다'가 팽팽할 즈음, 당시 대구광역시교육위원회 손영현 의장의 충고가 큰 힘이 되었다.

'주변의 여러 여건들을 다 해결하고 다음에 간다면 시간이 늦다'는 것이었다. 전국 학부모의 대표로서 직을 맡고 있으니 서울로 가서 교육 문제를 해결하라는 것이었다.

가자! 서울로.

12월. 출산 전에 서울에 사무실을 개설하고 본격적인 업무를 시작하였다. 이때부터 서울에서 전국적인 학부모 통합기능을 가지면서 교육과 연관된 다양한 업무를 하는 봉사기관으로서 중추적 역할을 수행하게 되었다.

그해 12월. 해가 저물면서 셋째 아이가 태어났다. 그 후 1년 넘게 서울과 대구를 오가는 생활을 하게 되었다. 학교운영위원회 대구회장이면서 전국회장을 겸임하고 있었고, 대구용지초등학교 운영위원장도 4년째 계속하고 있었기 때문이다.

교복값이 너무해
– 연간 1천억 원의 부담 덜어줘

2007년 2월. 곧 신학기가 시작된다. 학부모들의 어깨가 무겁다. 가방, 신발, 참고서, 교복, 사교육비 등 학부모가 부담하는 교육 경비가 너무 많다.

우리나라 학부모들은 잘 모르지만 OECD 국

가 중 우리나라 학부모가 다른 나라의 학부모보다 교육경비 부담이 3~4배 더 많이 부담하고 있는 실정이다. 우리나라 고등학교 1인당 공교육비를 비교해 보면 OECD 국가의 평균보다 훨씬 적게 투입되는 것도 학부모 부담을 높이는 원인 중의 하나이다. 신학기를 맞이하여 중, 고등학교의 학부모들이 교복비가 너무 비싸다고 난리다. 어른 양복 값 보다 비싸다고 한다. 서울의 ○○외고에서는 교복비가 80만 원이 넘

교복값 1,000억원 내리는 협상결과 기자회견

는다고 한다. 무언가 대책을 강구해야 하는데 교육부나 교육청에서는 아무런 생각이 없었다.

긴급 대책회의에 들어갔다. 고가의 교복을 불매 운동하자. 교복 공동구매를 하자는 등 다양한 의견들이 나왔다. 그러나 개학이 바로 코앞이고 대안을 만들어 대응하기에는 시점이 너무 늦었다.

방법은 85% 이상의 교복시장을 장악하고 있는 4개의 회사(SK스마트, 엘리트, 아이비, 스쿨룩스)와 협상을 하여 가격을 내리는 것이었다. 회사별 대표자를 각각 만나 약 25% 내외로 교복값이 내려가도록 협의를 진행하였다. 협상은 상당히 긴박하게 진행되었다. '가격을 내리지 않으면 불매운동을 하겠다'는 등 학부모 대표로서 약간의 큰소리도 있었다.

결국 3월 초 각 회사별로 25~30% 범위에서 가격을 내리겠다고 협의를 마쳤고, 기자회견을 열었다. 이 협상으로 동·하복을 합쳐 연간 1,000억 원에 달하는 금액을 학부모가 덜 부담하게 되었다.

지자체에서
좀 도와줘

우리나라와 OECD 국가의 학생 1인당 투입되는 공교육비를 비교해 보면 우리나라가 OECD 국가평균보다 훨씬 낮다. 특히 농·산·어촌 지역은 더욱 열악한 상황이다. 도·농간의 학력격차도 매우 크다. 영어는 18점, 수학은 16점의 격차가 난다.

2007년 당시 시군구에서 학교를 지원하기 위해 '교육경비 보조에 관한 조례'를 제정한 곳이 약 50여　개 지자체로 약 20% 정도 제정되어 있었다.

이것을 전국 243개 지자체로 확대할 필요성이 있었다. 각 시군구 별로 의회에 모범 조례안을 만들어 보내고, 지역의 학교운영위원장협의회 회장들이 직접 시군구 의원들을 일대일로 만나서 조례를 제정하도록 노력하였다.

2년이 경과한 후 전국의 지자체에 교육경비 지원에 관한 조례가 거의 다 만들어졌다. 이 조례로 인하여 도시의 저소득층 지원과 열악한 농산어촌의 교육격차를 줄일 수 있는 계기가 되었다.

보통 교육경비 지원을 위한 심의위원회 구성 시 위원장은 보통 부단체장(부시장, 부군수, 부구청장)이 맡고, 부위원장은 학교운영위원장협의회 회장이 맡아 의사결정에 참여한다.

지원하는 절차에 따라 몇 가지 방법이 있다. 시군구에서 지역교육지원청으로 예산을 직접 넘겨주어 교육청에서 집행하는 방법, 학교에 직접 수요조사를 하여 지자체에서 곧 바로 지원하는 방법, 지역교육지원청에서 학교에 수요조사를 한 후 지자체와 협의하여 예산을 지원

받은 후 학교를 지원하는 방법 등이다.

　이 교육경비 지원 조례는 뒤에서 한 번 더 언급하겠지만, 재정이 열악한 지자체는 교육경비를 지원할 수 없도록 하는 시행령 조항이 있어 지원을 하다가 중단됨으로써 학교운영위원들과의 갈등을 예고하고 있다.

우리도
법을 만들자

학교운영위원으로서 가장 중요한 것은 운영위원회에 제출된 의안을 잘 처리하는 것이다. 그렇다고 단순히 거수기 역할을 하여 빨리 처리하라는 것이 아니다. 기본적인 식견과 전문성을 가지고 학교의 주요 의사를 결정하라는 것이다.

그러기 위해서는 운영위원이 가져야 할 기본적 소양교육과 전문성을 함양할 수 있는 시스템이 필요했다. 즉, 운영위원의 연수를 알차게 지원할 수 있는 지속적인 기구와 운영체계가 있어야 했다.

당시에 16개 시·도 교육청 모두가 일회성 집

체교육 2시간이 전부였다. 학부모 운영위원들이 차라리 잘 모르는 게 낫다고 생각하는 모양이다. 참으로 돈 안드는 학교운영위원회 제도를 만들어 학부모를 무료 봉사시키고 있었다.

연수법안을 만들어야 했다. 국회를 방문했다. 이주호 의원(당시 한나라당, 그 후 교육과학기술부 장관 역임)에게 학교 운영위원 연수법안을 제안하고 공청회를 진행 한 후 의안이 2007년 5월에 정식 발의되었다.

법안이 발의 된다고 모두 통과되는 것이 아니다. 소위원회를 통과한 후 상임위를 통과해야하고, 다시 법사위를 통과한 후 국회 본회의를 통과하여야 법이 개정되는 것이다.

운영위원 연수법안 통과를 위해서는 압박이 필요했다. 당시 필자는 대구학교운영위원장협의회 회장과 전국학교운영위원회총연합회 회장을 겸임하고 있었는데 대구의 운영위원들이 서명운동과 국회의원 사무실에 전화를 많이 걸

❶ 국회 강당에서 이주호 국회의원과 함께 개최한
학교운영위원회 발전방안 빛 연수법안 공청회
❷ 학교운영위원회 발전방안에 대하여 주호영 국회의원과 면담
❸ 권철현 교육과학기술위원회 위원장 면담

어 반드시 연수법안을 통과시켜 달라고 절실하게 운동하였다. 참으로 한마음으로 일치단결했으며 고마웠다.

그해 11월 드디어 학교운영위원 연수법안이 국회에서 통과되었다. 12월에 대통령이 연수법률을 공포하였다. 대구의 운영위원들이 주축이 되고 전국의 운영위원들이 합심하여 만든 법률의 시행은 2008년부터 적용되었다.

새로 제정된 초중등교육법 제34조의2(학교운영위원회 위원의 연수 등)에 있는 내용을 보면 다음과 같다. ①교육감은 학교운영위원회 위원의 자질과 직무수행능력의 향상을 위한 연수를 실시할 수 있다. ②교육감은 제1항에 따른 연수를 연수기관 또는 민간기관에 위탁하여 실시할 수 있다. ③교육감은 제2항에 따라 연수를 위탁받은 기관에 대하여 행정적·재정적 지원을 할 수 있다. ④그 밖에 필요한 사항은 대통령령으로 정한다.

이제 학교운영위원이 연수를 잘 받아 전문성을 가지고 학교운영위원회 심의 활동을 할 것으로 전국의 운영위원들은 기대하였다. 그러나 교육부에서 연수의 시간이나 프로그램 운영, 학교별 운영 컨설팅, 학교운영위원회 관련 전문 조직에의 위탁 등 연수에 필요한 세부적인 내용에 대해 대통령령으로 만들어 시행하여야 하는데, 아직까지도 구체적인 시행령을 만들지 않고 있다.

그동안 수많은 건의와 항의 방문을 하였으나, 돌아오는 답은 시·도 교육청에서 알아서 연수하도록 자율권을 주어야 한다는 것이었다. 교육부에서 간섭하기 싫다는 것이었다. 그래서 아직도 교육청에서는 일회성 집체교육 중심으로 연수가 진행되고 있으며, 전문성 있는 심의기구가 아닌 거수기 역할만 하도록 강요하는 학교운영위원회가 되고 있어 참으로 안타깝다.

대통령 후보들이
약속하다

　2007년 12월 12일. 이제 일주일이 있으면 대통령 선거일이다. 우리는 학부모가 희망하는 교육정책을 각 대통령 후보(이명박, 정동영, 문국현)들을 초청하여 학부모의 뜻을 전하기로

했다. 전국 시군구의 학교운영위원장협의회 회장 250명이 국회 헌정기념관 강당에 모였다. 1,400만명 전국 학부모·학생을 대표하는 모임이었다.

주요 목적은 공교육 경쟁력 향상으로 사교육비를 절감하고, 학부모·학생이 만족하는 학교 현장을 만들어 21세기 우리나라를 이끌고 갈 인재를 양성하자는 내용이었다.

특히 이 날은 학부모의 권리를 재확인을 위해 학부모 권리 선언문을 작성하여 낭독하였고, 학부모가 희망하는 10대 교육정책 방향을 발표한 후 각 정당의 대통령 후보들이 학부모의 희망을 성실히 수행하겠다는 서약을 받는 것이었다.

학부모 권리 선언의 주요 내용은 첫째, 우리 학부모는 자녀에 대한 천부인권적 교육권과 우리 학부모의 다양한 교육수요가 학교현장에서 민주적으로 실현될 수 있도록 해야 할 기본적 권리가 있음을 선언한다.

둘째, 우리 학부모의 교육 수요에 부응하지 않는 대리인(교사·교육기관)은 교육의 장에서 교체해야 할 당연한 권리가 우리 학부모에게는 있으며, 우수한 교사·우수한 학교는 적극 선택하고, 교육을 황폐화시키는 교사·집단을 확실히 퇴출시키는 것은 우리 학부모의 기본 선택권이다.

셋째, 우리 학부모는 우리의 자녀가 민주적

국회 헌정기념관 『학부모』가 희망하는 10대 교육정책 발표

인격과 자주적 생활능력을 함양하고, 자유민주 시민의 자질을 연마하여 인간다운 삶을 영위하고 인류공영의 이념을 실현 할 수 있도록 할 권리가 있음을 천명한다.

이상과 같이 학부모 권리 선언이 있은 후 당시 참여한 각 정당의 대표들은 학부모의 희망 10대 교육정책을 확실하게 수행하겠다는 서약을 하였다. 12일은 우리 학부모의 권리, 수요자의 교육을 촉구하는 대폭발의 기원이 되는 날이었다.

≫ 부록 150p : 대통령 후보들이 약속한
학부모가 희망하는 10대 교육정책

전국학교운영위원회총연합회 법인격을 가지다

2008년 1월. 전국학교운영위원회총연합회가 사단법인 전국학교운영위원연합회로 교육부 소관의 사단법인으로 정식 등록증을 받았다. 사단법인 출범행사로 태안반도 기름유출 제거 봉사활동을 하였으며 대구 등 각지에서 참여하였다.

본 사단법인은 전국 16개 시·도의 학교운영위원장협의회 회장들이 이사와 감사를 맡았다. 이사장에는 대구회장 겸 전국회장인 필자가 맡았고, 이사에는 서울, 인천, 충남, 강원, 경북, 경남회장이 맡았고, 감사에는 대전과 제주회장이 맡아 사단법인의 임원체계를 형성하였다.

이렇게 시·도의 회장들이 참여하여 사단법인을 만든 근본적 이유는 지속적으로 학교운영위원들을 지원하기 위해서였다. 특히 2007년 12월 초중등교육법 32조2의 학교운영위원 연수 법률이 제정됨에 따라 전국의 학교운영위원들의 연수를 지원하는 것이 우선 과제였다.

전국 학교운영위원들의 전문성 향상을 위한 다양한 연수 프로그램과 교재를 개발하고, 강사를 양성하여 운영위원 연수를 위한 만반의 준비를 갖추었으나 시·도 교육청의 연수위탁은 이루어지지 않았다.

그 외 사단법인은 정부에서 지원하는 다양한 공익사업에 공모하여 하나하나 실적을 쌓아가기 시작하였다. 서울시교육청의 좋은학교만들기, 다문화 학생의 '이모만들기' 프로젝트, 소통으로 학교폭력 예방 등의 공익사업을 진행하였고, 대구와 경상북도와의 도농교류협력 사업, 과학창의재단의 소외계층 과학체험학습

❶ 태안반도 기름유출 제거 봉사활동
❷ 사단법인 전국학교운영위원연합회 출범 기념행사
❸ 사단법인 전국학교운영위원회 대구지부 출범식
❹ 사단법인 전국학교운영위원회 부산지부 출범식
❺ 대전에서 16개 시도 학교운영위원회 협의회장단 기념촬영

③

④

⑤

지원 프로그램 등에 참여하여 학교운영위원, 학부모·학생들을 위한 지원과 수요자의 입장을 대변하는 대표적인 기관으로서 역할을 하게 되었다.

스승 존경 캠페인

우리나라 1400만 학부모, 학생으로부터 진정으로 존경받는 교사상 확립과 교사들의 교권 보호와 사기 진작으로 긍지와 자부심을 가지고 우리 자녀들을 가르칠 수 있는 도덕적 환경을 조성하고자 스승 존경 캠페인을 2008년 5월 한 달간 전국적으로 전개하였다.

이 캠페인의 추진 배경은 교사가 긍지와 자부심을 가지고 학생을 가르칠 수 있는 도덕적 환경조성에 있어 학부모가 적극적으로 앞장서야 한다는 것이다.

교권보호, 현장교사 우대풍토 등 교원의 사기를 진작시킴으로써 공교육 경쟁력을 향상시키고, 신명나게 가르칠 수 있는 교단풍토를 조성해야 할 필요성이 있어서이다.

주요 내용은 리본달기, 포스트, 편지쓰기 운동 전개 등 다양한 프로그램을 단위학교별, 시군구별, 시도별 및 전국적으로 캠페인을 전개하는 것이었다.

확산방안으로는 학교살리기 실천연대에 참여하는 각 단체들에게 동참하는 자료 발송 및 참여 독려와 신문사나 방송사를 공동 주최함으로써 언론에 노출시키는 방법이었다.

특히 학교별 운영위원장의 가정통신문 발송, 리본 전달, 포스트 부착, 학교별 현수막 게시 등으로 확산시키는 것이었다.

사)전국학교운영위원연합회가 대표단체로 추진하고 참여한 단체는 50여 개의 단체가 참여하였다.

좋은학교만들기

좋은학교만들기 사업은 우리나라 학부모 · 학생의 올바른 인성을 함양함으로써 가정과 학교의 조화로운 생활을 영위하고, 도덕적 사회 문화 기반 위에 우리의 자녀들이 세계무대에서 활동할 수 있는 글로벌 인재로서의 품성을 갖추도록 하고자 함이었다.

추진배경은 핵가족화, 맞벌이 부부 증가 등으로 가족 간의 대화가 단절되고 올바른 가족관계의 개념 정립이나 형성이 어려우며, 세대 간 문화적 차이와 더불어 학부모, 교사, 학생간 상호 교류 및 이해의 부족으로 과격하고 이기적인 행동의 표출이 심각하기 때문이었다.

따라서 학부모가 자녀들의 올바른 인성의 개념과 실천적인 행동을 함으로써 건전한 가정, 학교, 사회공동체를 형성할 필요성이 있었다.

본 공익사업의 결과는 학부모 대표들이 인성교육에 대한 인식전환과 중요성을 인식하여, 다른 학부모 인성교육에 대한 필요성 전파와 학부모 모임, 회의, 간담회 개최 시에 인성 교육에 대한 정보교류와 실제 경험 사례들을 공유하는 데 있다.

인터넷 중독 예방을 위한 학부모 연수

특히, 단위 학교별로 학부모 중심의 '인성교육위원회'를 구성하여 자율적인 인성교육과 실천, 전파 및 우수자 상훈을 지속적으로 추진하여 도덕적 문화를 정립하고 학년별, 연령별로 현대사회에서 요구하는 다양한 품성요소를 정립하고 실천하며 스스로 품성을 측정해 봄으로써 인성을 계발시킬 수 있는 '자율 인품제도'를 만들어 끊임없이 세계를 주도하는 글로벌 인성과 인품을 가꿀 수 있도록 추진하였다.

우리 것은 좋은 것이여
– 도농교류협력

학교급식에 대한 학부모의 관심은 매우 높다. 특히 친환경농산물의 생산과 유통에 대해서도 알고 싶어 한다. 대구의 소비자들은 경북의 생산지현황을 알고 싶어 한다. 서로 인접하고 있어 교류협력하기가 매우 좋다.

특히 경북 농산물의 최대 소비처는 대구와 서울 등 대도시이다. 경북에서 생산되는 농산물의 학교급식 확대와 더불어 많은 학생들이 농촌으로 체험학습을 올 수 있도록 홍보할 필요가 있었다.

그래서 경상북도청과 전국학교운영위원연합회가 도농교류협력을 하기로 했다. 서울과 대구

❶ 경북 포항 성동마을 분재만들기 체험
❷ 경북 문경 철로자전거 체험
❸ 경북 안동 풍산김치공장 업무협약
❹ 경북 청도 와인터널 견학 및 체험

의 학교운영위원장, 학교장, 급식소위원회 위원장들을 초청하여 경북의 친환경농산물 생산지와 유통시설, 농촌 체험학습장을 견학하거나 체험하는 기회를 갖도록 하였다.

이러한 도농교류협력은 경북 농가들의 소득에도 직접적인 영향을 주기도 하였다. 도농간 학교급식, 체험학습, 직거래 등의 채널이 형성되기 때문이다. 2008년부터 2013년까지 6년간 2,000여 명이 참가하였는데 경북의 20개 시 · 군과 도농교류를 활기차게 하였다.

도농교류를 하면서 대구의 경우 친환경 농산물 급식자재센터가 없다는 것이 문제였다. 도매시장으로 온 일반 농산물이 친환경 농산물로 둔갑한다는 것이었다. 친환경 농산물 급식자재센터 건립을 건의하였으나 지자체간 서로 미루어서 건립하지 못하였다.

또한 학생들의 인성함양을 위하여 교육부와 농림축산식품부가 협의하여 만든 '농어촌인성

학교'가 있다. 농어촌인성학교는 일반적인 학교가 아니라 농촌체험학습과 숙박을 할 수 있도록 되어 있는 농어촌마을이다. 현재 전국에 50개 넘게 지정되어 있다.

교육부에서 학급별로 농어촌인성학교로 체험학습을 가라고 공문으로 시달하였지만 학교에서는 갈 생각을 하지 않는다. 반 별로 농어촌인성학교로 가면 교사들이 학생들을 관리하기가 매우 어렵기 때문이다. 이러한 애로사항을 해결하고 프로그램을 뒷받침 할 수 있도록 여성가족부에서 이미 많이 배출한 청소년지도사들을 적극 활용하는 정책을 만들어야 한다.

〉 부록 156p : 도농교류협력의 추진 방향 및 성과

국감증인으로
나오시오

2008년 가을. 학교 교재를 선택하는 시기가 곧 다가온다. 그런데 ○○출판사에서 나온 고등학교 현대사 교과서가 너무 좌편향되었다고 시끌시끌하다.

학부모 입장에서 보면 학생들의 균형잡힌 현대 역사관 정립이 매우 중요한 문제였다. 긴급회의를 하여 좌편향 교과서의 수정을 요구하고, 현대사 교재를 학교에서 선택할 때 학교운영위원회에서 심도있게 논의하자는 것이었다. 당연히 학교운영위원으로서 해야 할 일이었다.

이러한 학부모들의 요구 사항들이 조선, 중앙, 동아일보 등 각 신문에 앞 다투어 보도되었다.

필자를 인터뷰 한 신문사도 많았다. 그 중에서 '손석희의 시선집중'에 출연 요청이 있었다. 당시 방송으로서는 상당한 인기가 있어 출연하기로 하였다.

아침 6시 30분에 시작된 손석희 진행자와의 인터뷰에서 학부모의 한 사람으로서 좌편향 교재에 대한 우려를 설명하고, 학교운영위원으로서 교재선택을 할 때 좌편향된 교과서를 최대한 배제해야 한다는 취지의 의견을 내놓았다.

이 인터뷰가 도화선이 되어 전국적으로 격려하는 전화도 있었고, 다소 항의하는 전화도 있었다. 국회의 교육과학기술위원회에서는 좌편향 교과서에 대한 국정감사 증인으로 채택되었으니 감사장에 출두하라는 공문이 날아왔다. 공문에는 아주 위압적인 커다란 국회 도장이 찍혀 있었다.

좋다. 한 번 해보자. 국회에 가서 학부모가 걱정하는 것들을 마음껏 속 시원하게 이야기 해

보자. 전투 준비를 마쳤다. 그런데 이게 웬일인가! 국정감사 출두일에 경북 경산시의 학교운영위원 400명을 대상으로 하는 연수강사로 일정이 먼저 잡혀 있는 게 아닌가?

몇 번의 고민과 상의 끝에 국정감사장에서는 증인에게 말할 기회를 잘 주지 않기 때문에 학부모의 의견을 전달하는 데는 한계가 있다는 결론에 도달했다. 그래서 국회 교육과학기술위원회에 미리 잡힌 강의일정으로 국감장에 불참한다는 공문을 보내는 것으로 이 문제를 마무리하였다.

창의, 인성, 융·복합을 준비하다

과거 산업화사회에서는 창의성 보다는 기존의 지식을 최대한 많이 습득·적용하여 국가발전을 도모하였으나, 지식기반사회의 도래에 따라 창의, 인성, 융·복합적 인재를 많이 배출하는 나라가 국가경쟁력이 높은 시대가 되었다.

그러나 현재 학교 현장에서 진행되는 수업이나, 창의 인성 활동을 살펴보면 그 내용이 창의적인 프로그램으로 구성된 것이 아니라 일상적인 내용들로 조합되어 교육수요자인 학생, 학부모들의 만족도가 매우 낮은 상태였다.

이러한 배경 하에서 우리는 '창의, 인성, 융·복합'을 주제로 연구하고 토론하는 '위즈덤교육포럼'이라는 단체를 만들기로 했다. 이러한 일 련의 일들은 창의성을 요구하는 지식기반사회 를 맞이하여 우리 학교 현장에서 철저히 준비 하고, 실현해 나가야 할 내용들로 반드시 누군 가가 해야 할 과제라 생각했다.

우리나라는 자녀교육에 대한 학부모의 열정 은 세계 어디에서도 그 유래를 찾아 볼 수 없을 정도로 높다. 그 열정을 모아 우리나라를 이끌 고 갈 창의, 인성이 충만한 인재육성에 더욱 매

위즈덤교육포럼 창립 기념촬영 (서울 교원대학교)

진해야 할 것이다.

필자와 배종수(서울교원대학교 교수), 신규동(전 청학고 교장), 윤광수(전 장수초 교장), 전영 교수(인하대학교 교수) 등 8명이 발기인이 되어 '위즈덤교육포럼'을 발족시켰다. 고문에는 현재 서울특별시 문용린 교육감이 참여하여 우리나라의 바람직한 미래인재상에 대한 축사를 해주었다.

본 포럼은 매년 국회 헌정기념관에서 학술세미나를 개최하였고, 2013년에는 이군현 국회의원(교육문화관광위원회)과 함께 포럼을 개최하고, 그 결과를 전국 각 학교에 전파하여 창의, 인성, 융복합을 준비하는데 일조하였다.

> 부록 163p : 위즈덤교육포럼 취지문 등

이제는
학부모가 나서야 한다!

학교운영위원들의 임기가 자주 바뀌고 운영위원 중 교사위원들이 포함되어 있어 수요자인 학부모들의 목소리를 내는데는 한계가 있다. 그래서 교육수요자 중심의 교육환경 조성과 교육진흥 및 건전한 인재육성에 기여하기 위하여 한국학부모총연합을 결성하였다.

2009년 2월. 서울교육대학교 에듀웰센터에서 출범식을 하였다. 많은 학부모단체와 시·도의 학부모 대표들이 참여하였다. 23명의 "공동대표가 선임되었고 필자는 총재(후에 상임대표, 회장으로 명칭 변경)로 선출되어 한국학부모총연합의 단체를 대표하게 되었다.

❶ 안병만 교육과학기술부 장관 학부모 특강 참석자
❷ 안병만 장관, 김신호 대전교육감과 학부모 특강 기념 촬영
❸ 수도권 학부모 회장단 간담회

주요사업으로는 ①교육환경 및 제도 개선을 지원하는 사업, ②교육발전을 위한 연구 및 연수에 관한 사업, ③학부모의 역할과 권리에 관한 연구사업, ④학부모 부담 교육비 경감에 관한 사항, ⑤학부모 민원, 콜센터 운영에 관한 사항, ⑥학부모, 학생연수 및 캠페인에 관한 사항, ⑦청소년의 건전한 문화 조성에 관한 사항, ⑧청소년독도수호단 활동 지원에 관한 사항, ⑨결식학생, 소년·소녀 가장 돕기 운동에 관한 사항 등이었다.

대표적인 교원단체로는 한국교원단체총연합회(한국교총)와 전국교원노동조합(전교조)이 있다. 이제 우리 학부모도 한국학부모총연합(한국학총)을 만듦으로써 전국 학부모를 대표하는 단체가 만들어진 것이다.

전국 각지에서 뜻 있는 학부모들이 모두 참여하여 수요자 중심의 교육정책이 실현됨으로써 우리나라의 교육발전과 인재양성에 기여하기를 희망한다.

> 부록 169p : 한국학부모총연합의 취지문, 비전, 주요 내용, 선언문

독도를 지키자

독도가 시끄럽다. 일본은 자기들 땅이라고 주장한다. 우리의 학생들에게 우리나라의 역사의식, 정체성, 국가관 등에 대한 이야기를 하면

청소년독도수호단 발대식

진부한 이념적 인사로 낙인 찍히는 학교, 사회적 분위기가 만연해 있는 상황이었다.

이러한 현실에서 일본은 독도를 자기의 땅이라고 선포하고, 나아가 중학교 '학습지도요령 해설서'에 독도를 일본영토로 명기토록 한다는 독도침탈 행위를 스스럼없이 자행하고 있는 상황에 직면하게 되었다.

일본이 독도침탈 행위에 대하여 우리 정부는 너무도 조용하다. 참으로 어처구니 없다. 우리나라 청소년도 독도침탈 행위에 대하여 정확한 인식이 필요하였다. 체계적인 활동을 위해 만들어진 것이 '청소년독도수호단'이다.

청소년독도수호단은 자라나는 청소년에게 독도가 대한민국 영토이며 후손에게 물려주어야 할 국가적 유산임을 확고히 하고, 영토주권 의식을 고취하여 영토애 및 국가관을 정립하고자 창단되었다.

활동방법은 학생 개인별로 카페나 블로그

를 만들어 독도에 대한 정보를 공유하는 것이 기본이었다. 그리고 각 학교별로 홍보대사가 되어 또래 학생들에게 전파하고 집단토론 등을 통하여 독도에 대한 청소년들의 인식을 높이는 것이었다.

또한 독도 홍보대사인 학생은 명예 외교관이 되어 외국 대사관이나 외국의 주요 인사들에게 간단한 편지나 메시지를 전달하는 것이었다.

이러한 일련의 활동들이 학생들의 진학과 입학사정관 실시에 따라 자랑스런 포트폴리오가 되도록 하고, 사이버 활동에 대하여서는 봉사점수를 부여하여 참여를 높이는 방안도 함께 추진되었다.

청소년독도수호단을 격려하는 김관용 경북지사의 메시지를 보면 "청소년들이 올바른 역사관을 갖고 독도사랑의 모습으로 미래를 책임질 수 있도록 하는 것이 무엇보다 중요합니다. 그렇기 때문에 '청소년독도수호단' 발족이 더욱 소중하게 다가옵니다. 정말 고맙고 자랑스럽게 생각합니다. 청소년들이 앞으로 범국민적 · 범세계적 네트워크를 구축하여 독도와 대한민국을 세계에 바로 알리는 홍보대사가 될 수 있도록…"이라는 글로 축하해 주었다.

> 부록 180p : 청소년독도수호단 취지문,
김관용 경북지사의 축하 메시지

초등학교 독도지킴이 활동

개발에 땀나다
– 운영위원 5만 5,000명 연수

2010년 5월. 보다 좋은 학교교육을 제공하기 위한 교원능력개발평가제도의 전면적인 시행에 들어갔다. 따라서 학부모들이 교원능력개발평가에 대한 정확한 이해와 더불어 능동적 참여가 필요하였다.

또한 전국학교운영위원연합회에서는 교장공모제가 전국적으로 동시에 실시됨에 따라 운영위원들이 알아야 될 사항과 진행해야 할 절차 등에 대한 연수가 필요하였기 때문에 학부모 운영위원 연수를 교육부에 요청하게 되었다. 마침 교육과학기술부에서도 전국적으로 연수를 진행해야 하는데 강사 수급에 대한 뚜렷

한 대안이 없는 상황이었다. 본 회에서는 운영 위원 연수를 위한 강사가 준비되어 있어 이야 기가 쉽게 풀렸다.

교육과학기술부에서 서울시교육청으로 특별 교부금을 지원하고, 서울시교육청과 본회가 위 탁계약을 맺고 교재 제작 및 강사연수를 완료 하였다. 그리고 전국의 지역교육청에서 교원평 가제와 교장공모제 교육이 진행되었다.

5월 한 달 동안 모든 연수를 마쳐야 하기 때 문에 매일 새벽까지 야근을 해야 했다. 주어진 예산이 턱없이 부족하여 행정인력을 충원할 수 도 없었다. 하루에 20개 지역교육청에서 동 시 간대에 강의가 진행한 날도 있었다.

참으로 바쁜 일정이었지만 전국에 있는 학교 운영위원들에게 정보를 전한다는 생각으로 열 심히 뛰었다. 태백, 울진, 봉화, 산청, 해남 등 의 오지로 강의를 가라고 이야기하기가 매우 어려웠지만 소명의식을 가진 강사들이 적극 수

❶ 교원평가제, 교장공모제 강사 연수 (전국학교운영위원연합회 주관)
❷ 교육인적자원부 이주호 장관 특별강연

락해 줌으로써 무사히 전국적 강연을 마무리할
수 있었다.

　필자도 대구광역시교육청 강당에서 약 400여
명의 운영위원들을 대상으로 강연을 실시하였
다. 전국 161개 시·도교육청 및 지역교육청에
서 강의가 진행되어 약 5만 5,000여 명의 학교
운영위원들을 연수시켰다. 개 발에 땀이 났다.

26개국 세계청소년들과
호흡하다
– 바다평화의 날 선포

바다를 둘러싸고 시끄러운 일들이 많이 나고 있다. 바다는 우리 인류에게 거대한 꿈과 희망을 안겨주는 인류 공영의 생활터전이다. 우리 모두는 바다를 사랑하며 애용하고 있다.

그러나 이 아름답고 평온한 바다에서 갈등과 분쟁이 생기고 사람들의 생명을 해치거나 위협하는 등 공포와 불안을 조장하는 일들이 빈번히 일어나고 있다.

특히 대한민국 동해 바다에 있는 우리의 독도를 이웃나라 일본이 자기네 땅이라 주장하며 갈등을 증폭시키고 있으며, 최근에는 북한이 천안함을 폭파함으로써 수많은 젊은이들의 목

숨을 빼앗아간 참혹한 일도 발생했다.

따라서 세계 청소년들이 한자리에 모여 앞으로 세계의 바다가 더욱 평화롭고 행복하게 인류공영에 이바지하도록 할 필요성이 있었다.

세계 26개국 39개 도시에서 선발된 1,600명의 미래지도자들이 평화를 애호하는 메시지를 상호 전달하고, 바다의 평화를 강조하는 '바다 평화의 날 선포식'을 인천대학교 대강당에서 진행하였다.

행사일 점심은 인천대학교 구내식당에서 세계 청소년들과 함께온 학부모들이 식사를 하게 되었는데, 약 20%가 채식주의자였다. 점심 반찬으로 오뎅, 계란이 섞인 미역국, 오징어 무침, 야채 무침이 있었는데 채식을 하는 학부모와 청소년들은 맨밥에 야채무침만 먹는 해프닝도 있었다.

오후에는 우리나라 청소년들이 외국 청소년들과 전통문화를 함께 체험하고 안내함으로써

❶ 26개국 세계청소년 바다평화의 날 선포식
❷ 26개국 세계청소년 문화교류 체험

우리의 문화가 세계에 널리 퍼지도록 하는 문화 홍보 외교관의 역할도 하였다. 이러한 행사 내용들이 모두 분쟁과 갈등을 줄여 인류공영에 이바지하는 글로벌 리더들의 세계관을 정립하는데 기여하고자 실시되었다.

다문화가정
이모만들기

다문화 시대가 열리고 난 뒤 우리나라 초·중학교에도 다문화 자녀들이 진학을 하게 되었다. 그런데 각 학교에서 다문화 자녀들이 학교적응을 잘 못한다는 것이 문제였다. 그래서 추진한 것이 다문화가정 이모만들기 프로젝트였다.

다문화가정을 대상으로 생활양식 및 전통문화 체험학습 서비스를 제공하여 가족 간 유대와 결속을 다지고 사회·문화적 소외감을 해소함으로써 다양한 사회적 갈등을 사전에 방지하여 사회통합과 미래 한국발전을 견인하는 '코리아 드림'을 완성하는데 목적을 두고 추진하였다.

주요 내용으로는 꿈과 희망을 주는 전통문화,

생활양식 체험과 학부모교육 및 자녀동반 캠프 등으로 가족관계를 향상하여 자신감과 열정으로 가득찬 성공적인 삶 달성을 달성하고, '다문화드림단'의 전문적 컨설팅과 '이모'라는 가족문화 멘토링 체계를 형성함으로써 사회갈등 요소를 사전에 제거하고 융합·발전하는 선순환 구조 형성하고자 하였다.

다문화드림단의 주요 업무는 본국의 언어 통번역 시스템을 제공하고 운영함으로써 가족관계를 개선하고, 4자화상통화시스템을 제공하여 형제간, 가족간, 친구간 영상통화를 지원하는 것이었다.

또한 교육 전문 상담 위원들이 학생 연령별, 단계별 교육을 지원하고, 다문화가정이 접근하기 어려운 법률, 의료, 노무 등의 전문가들도 함께 참여하여 서비스를 제공하는 시스템으로 구성하였다.

특히 다문화가정드림단의 봉사단으로 참여하

❶다문화가정드림단 출범식 기념촬영
❷1박2일 다문화가정 사회적응서비스 캠프
❸다문화가정 교육 저자의 EBS인터뷰

는 학부모와 운영위원들이 가정생활의 정보 제공과 단위학교별로 구축되는 '이모'라는 멘토가 되어 학교교육, 행정상담, 애로사항 등을 함께 고민하고 해결해 갈 수 있는 체계를 구축하는 것이었다.

교육지원, 문화지원, 의료지원 등 다양한 분야에 지원을 하였는데, 그중에서도 의료지원 부분은 한국의학연구소의 후원으로 이루어졌다. 무상 건강검진을 1,000명 이상 실시하여 다문화가족이 건강한 삶을 살 수 있도록 조그마한 힘을 보태었다.

> 부록 189p : 다문화가정드림단 출범선언문

국회에서 손 놓은
청소년금연법

청소년 흡연이 심각하다. 학교의 휴식시간이 되면 화장실 창문으로 나오는 담배연기가 자욱하다. 선생님도 민망해서 가까이 가지 않는다. 공원이나 골목에서 청소년들이 담배를 피워도 어른들이 간섭하기가 무서운 시절이 되어 버렸다.

청소년 흡연은 자신을 파괴하고 준법정신과 윤리성을 무너뜨리며 국가경쟁력을 약화시키는 요인으로 작용한다. 이제는 그 실태에 대한 심각성을 국가적인 차원에서 바르게 인식해야 한다. 그래서 '청소년금연법'을 국회에서 입법화하도록 청원을 추진하였다.

전국의 학부모와 학생들이 열심히 서명운

동을 하였다. 40만 1,258명의 서명부와 금연
서약서(1톤트럭 2대)를 국회에 전달하고 전국
학부모·학생들에게 금연입법화를 위한 홍보
를 실시하였다.

청원은 국회의원 1명 이상이 반드시 추천을 해
주어야 하는데, 당시 친분이 있었던 국회 교육과
학기술위원회 조전혁 의원이 기꺼이 해주었다.
국회 사무처에 청원서를 접수한 뒤 보건복지위
원회로 배정되어 법률안 검토를 시작하였다.

청원의 주요 내용은 ①담배연기 없는 학교 환
경조성 의무화 ②금연 필수과목 운영(학교별 맞
춤식 교육프로그램 도입) ③담배니코틴 중독학
생에 대한 치료 의무화 및 교육 ④교사임용 시
흡연교사 채용 불가(법 시행 유예기간 6년 적용)
⑤흡연학생 관련 부모 연대하여 관리(법 시행 유
예기간 3년 적용) ⑥담배제조판매회사 청소년에
대한 흡연예방 홍보 의무화 ⑦관련법에 의한 판
매행위 및 흡연장소 제공업소 등 처벌 양벌규정

삽입(국민건강증진법, 청소년보호법, 학교보건법, 담배사업법)이 주요 골자였다.

청원 입법은 2010년 12월 21일(화)에 국회에 제출되어 1년여 동안 검토만 하다가 18대 국회의원 임기가 만료되면서 제출된 법안이 모두 자동 폐기되는 절차에 따라 청소년금연법 제정을 위한 청원도 자동 폐기되었다. 국회가 손을 놓고 있었던 것이었다. 통과시키지 못한 아쉬움이 매우 컸다.

> 부록 191p : 청소년금연법 청원 배경

국회 정론관에서 청소년금연법 입법청원 기자회견

소외계층 학생들을 위한
과학창의 체험활동

소외계층 학생들의 학부모들은 대부분 주말에도 일하는 맞벌이부부이다. 이들은 우리나라의 과학문화, 전통과학에 대한 사회적 괴리감과 소외감이 크다. 이러한 과학문화적 격차 해소를 위한 사회적 배려가 시급한 상황이었다.

한국과학창의재단에 제안서를 내었다. 과학문화적 격차로 인한 또래집단 내 적응에 있어 심각한 문제가 발생하고 있는 것을 사회적, 국가적 차원에서 지원하여 격차를 해소해 보자는 것이었다.

또한 사회적 약자들에게 현대적인 과학과 과거 우리 조상의 지혜와 슬기가 묻어 있는 과학문화재가 있는 곳에 대해 체험활동을 함으로써 과학에 대한 이해와 더불어 꿈과 희망을 심어주고자 공모에 신청하였고, 당선되어 프로그램을 시작하였다.

소외계층 학생들과 함께 떠나는 과학문화재 탐방을 추진한 결과 학부모들의 반응이 폭발적이었다. '①행사의 시기, 내용, 방법 등이 너무 좋았다 ②학부모도 경비를 부담하고 함께 참여하고 싶다 ③자녀와 함께 하기를 원하며, 가족의 친화와 화합을 위해 필요함을 알았다' 등으로 설문에 대한 답이 집약되었다.

각 학교운영위원회 심의에 있어서도 올해 전면 시행되는 주5일제 시행에 따라 토요일에 학생들에게 학부모와 함께할 수 있는 프로그램이 필요하다는 요구가 많았으며, 사회적, 국가적으로 반드시 배려가 필요하다고 이구동성으로 이야기하였다.

소외계층 청소년들에게 과학적 소양을 길러

❶ 강화도에서 기념촬영
❷ 진천 농다리에서의 기념촬영
❸ ❹ 종박물관에서의 기념촬영

주고 과학적 탐구 능력을 신장시켜 창의력도 길러줌으로써 과학문화 격차를 줄이는데 일익을 담당하였는데, 지속적인 예산의 지원이 있었으면하는 아쉬움이 남았다.

내가스터디
– 내가 스스로 공부한다

우리나라의 사교육비는 세계 최고이다. 학부모의 막연한 불안감이 사교육으로 이어짐으로써 가계에 큰 부담이 되고 있다. 자녀를 지도할 수 있는 학부모의 역량강화와 구체적인 자기주도 학습방법을 전파하여 사교육비를 줄여야 했다.

실제로 자기주도학습에 대한 개념강의나 학부모 연수를 많이 하지만 학모가 실천하려고 하면 매우 어렵다. 구체적인 방법을 지원하고, 실천해 나갈 수 있는 방안을 만들어야 했다.

한국학부모총연합과 전국학교운영위원연합회가 공동으로 재능 기부하여 내가스터디 운동을 펼쳐가기로 하였다. 명칭은 학부모지원단으로 하여 출발하였다. 기본적 개념 강연과 실천할 수 있도록 학부모의 구체적 지도는 백영수 단장이 맡았다.

내가 스터디의 방법은 첫째, 사교육비를 줄이겠다는 서약과 자기주도학습을 실시하겠다고 하는 마음 다짐 운동을 하고, 단위학교별 학부모, 학생 각 1인을 홍보대사로 위촉하여 내가 스터디 방법들을 홍보, 전파하는 것이다.

둘째는 스스로 공부하는 방법이나 우수사례, 성공사례 등을 카페나 블로그를 개설, 운영하여 관련 자료들을 올려주고 상호 공유하는 것이다.

셋째는 학생·학부모들이 지속적으로 실천할 수 있도록 단위학교별 추진 모임을 만들고, 자기주도학습 지원센터에서 컨트롤 타워 역할을 하여 일회성이 아닌 연중 지원해 주는 체제를 만드는 것이었다.

❶ 사교육비 절감을 위한 온라인 지원 협약
❷ 서울묘곡초등학교 내가스터디 강연

학부모의 참여와 열기도 뜨거웠다. 한 학교에 50명 정도의 학부모가 자기주도학습으로 자녀들을 키우겠다고 모임도 만들었다. 이러한 일련의 과정을 서울 송파구에서 3개 학교를 대상으로 시범 운영되었는데 매우 좋은 결과를 가져왔다.

더 많은 학부모가 참여하고 확산하기 위해서는 교육청의 지원이 필요했다. 즉 자기주도학습지원센터의 운영에 따른 예산이 필요하였다. 예산 지원을 해달라는 요청을 내었고, 그 답을 기다리고 있다.

글로벌리더 100만 명 양성
– 여수세계문화EXPO 공모전

2012년 봄. 여수세계문화EXPO가 열린다. 자라나는 청소년들이 세계 첨단 해양과학기술과 문화를 직접 체험할 수 있는 좋은 기회다. 체험한 것을 문예창작 활동으로 승화시킴으로써 글로벌 의식 함양, 인류공영에 이바지, 지도자의 기본 자질과 가치관 정립에도 크게 영향을 미칠 것이라 생각하였다.

또한 국제적 행사를 우리 청소년들이 홍보, 전파하는 문예활동을 함으로써 학생들의 세계관 형성에 기여하고, 학급별·학교별 해양과학기술과 문화에 대한 이해도를 높여 세계 속에 우뚝 선 한국의 위상과 자부심을 가질 수 있다고 생각했다.

여수세계문화EXPO 조직위원회와 전국학교운영위원연합회가 업무협약(MOU)를 체결했다. 주요내용은 전국학운위가 전국 11,555개 학교의 운영위원들에게 학교별로 많이 참여할 수 있도록 홍보하자는 것이며, 관람 후 문예작품 공모제를 실시하여 '글로벌리더 100만 명'을 양성하자는 것이었다.

전국의 학교운영위원들과 17개 시·도의 교

2012 여수세계박람회 문예작품공모 시상식

육감에게 관람과 문예작품 참여를 협조 요청하였다. 교육감 협의회가 창원에서 열린다는 소식을 듣고 서울에서 창원에 있는 경남교육청을 찾아갔다. 고영진 경남교육감(교육감협의회 회장)을 만나 취지를 설명하였고, 전남 장만채 교육감을 만나 교육감협의회의 의제로 올려 줄 것과 17개 시·도 교육청에서 후원·협조할 수 있도록 하는 것이었다. 결과는 우리의 희망대로 이루어졌다.

공모전은 글쓰기, 신문만들기, 그리기 세 분야로 진행하였다. 물론 초·중·고 별도로 시상하는 방식이었다. 국회의장상, 국토부장관상, 여수세계문화EXPO 조직위원회 위원장상, 교육감상, 교육장상, 학교장상 등을 만들어 학생들이 많이 참여할 수 있도록 하였고, 참여자는 6시간의 봉사점수를 줄 수 있도록 협조가 되었다.

참으로 많은 학생들이 참여하였고, 공모전

에도 많은 학생들이 참여하였다. 1만 명이 넘는 학생들이 봉사점수를 신청하였는데 그중 약 60%(6천 여명)가 대구의 학생들이었다. 대구에서 글로벌리더들이 제일 많이 나올 것을 기대해 본다.

가족이 소통하다

학교폭력이 심각하다. 그런데 학교폭력은 학교에서 나타나는 병리현상이지 학교가 근본적인 이유를 만들어 내는 곳이 아니다. 그럼 어딜까? 많은 토론과 설문과 끝에 폭력의 발생 근원은 가정이었다.

가정에서 부모와 자녀들이 다양한 방법으로 소통하는 방법을 찾아야 했다. 그래야만 만연한 학교폭력에 효과적으로 대처할 수 있다. 또한 학교폭력 예방·근절을 위한 실질적인 내용과 방법들을 알려줌으로써 폭력 없는 행복한 학교가 만들어질 것으로 결론을 내렸다.

서울시에서 공모하는 학부모 프로그램에 응

모하였다. 취지는 먼저 인터넷 및 스마트폰으로 과도한 음란물·폭력물 등이 자라나는 청소년에게 무방비 상태로 노출되어 있어 학생들에게 신체적, 정신적으로 악영향을 미치는 것에 대한 방비책을 찾자는 것이었다. 둘째는 학부모들은 인성의 중요성에 공감하고, 학부모가 인성의 본질, 판독, 상담기법 등을 알려줌으로써 학생 인성함양으로 행복한 가정과 학교, 행복한 문화를 만들자는 것이었다.

이번 학부모 연수의 골자는 학부모들이 먼저 소통에 대해 공감하고, 행복해짐으로써 자녀들이 행복해지는 이치를 이야기하고 공감대를 만들어간다는 것이다.

주요 내용으로는 ①소통의 개념과 의미, 가족소통의 중요성 ②소통을 위한 다양한 방법 연수(소통으로 치유하는 학교폭력의 사례, 부모가 자녀에게 의사를 전달하는 방법과 표현, 가족, 학교에서의 5감사 쓰기와 방법, 가족이 함께하는 밥상머리 교육, 밥상머리 교육 실천지침 10가지) ③내 이야기가 많아질수록 아이는 점점 더 부모로부터 멀어지는 이유 ④나는 어떤 부모인가? 스스로 점검하는 20가지 체크리스트 ⑤자녀의 미래를 바꾸는 칭찬 한마디로 구성되어 있다.

서울의 15개 학교에서 진행하였는데 반응이 아주 좋았다. 이번 서울학부모 소통연수는 학부모들이 학교폭력 예방을 위한 대책수립 건의에 따라 실질적이고 효율적인 예방, 대처방법 모색 및 가정의 교육기능을 강화하고, 학부모와 학생들이 함께 소통함으로써 인성을 증진시킨다는데 공감하는 분위기에서 실시되어 그 의의가 크다고 할 수 있다. 전국적으로 전파되어 '웃는 학부모, 행복한 아이'로 가정이 정착되기를 희망해 본다.

필자의 가정에서도 5감사 쓰기를 실천해 보았다. 서로에게 감사하는 글을 적어 토요일 저녁마다 발표하였다. 어색하였다. 처음에는 별로 감사한 게 없었다. 몇 주가 지나고 나니 감사할 것이 줄줄이 나왔다. 아내가 안 아픈 게 감사하고, 아침밥 해주는 게 감사하고, 현관까지 나와 인사하는 것도 감사하고, 옷 다리는 것도 감사하고, 빨래하는 것도 감사하고, 청소하는 것도 감사하고 고마운 것이었다. 생활속에서 잔잔한 것들을 세밀하게 뜯어보고, 생활의 모든 것이 감사한 생각을 가지게 되었다. 아이

포항시와 감사운동 업무협약

들도 잘 따라 하였다. 우리 가족 구성원들이 좀 더 긍정적이고 상대를 배려하는 마음이 형성되었다. 우리나라의 모든 가정에서 감사운동을 실천해 보길 희망한다.

> 부록 195p : 가족, 학교에서의 5감사 쓰기

스마트시대로 가자!
내 손안의 학교운영위원회

    학교운영위원들의 연수방법이 바뀌어야 한
다. 일회성 집체교육은 하고나면 끝이다. 두꺼
운 연수책자를 주어도 연수 후 다시 보지 않는
다. 가끔 책자를 찾아 봐야지 할 때가 있지만
즉시 찾아보기가 어렵다.

    그래서 새로운 연수방법으로 만들어진 것이
스마트폰으로 언제든지 학교운영위원회 심의
사항, 운영절차, 구성 방법, 법규 등에 대해 실
시간 정보를 획득할 수 있는 '내 손안의 학교운
영위원회' 앱(어플리케이션)이다.

    앱의 구성은 각 학교의 학부모, 운영위원, 교
원들 상호간 소통을 높이기 위한 BAND(게시

판, 채팅, 갤러리) 기능과 교육정보(교육부, 17개 시도교육청, 학교운영 정보) 제공 기능, 각각의 학부모에게 필요한 학부모 정보(학습, 진로, 안전, 생활, 코칭 등) 제공, 현재 및 예비 학교운영위원 연수 기능, 학교 홈페이지 연동 기능이다.

학부모와의 원활한 소통과 교육정보 지원을 위한 스마트폰 앱(애플리케이션)은 무상으로 보급하고 있다. 학부모님들이 많이 설치, 활용하여 학교 참여와 소통, 교육정보 등을 획득하는데 도움이 되길 희망한다.

현재 전국의 많은 운영위원과 학부모들이 이용하고 있으며, 스마트 시대에 적실성 있는 연수방법으로 좋은 반응을 받고 있다.

> 부록 198p : 내 손안의 학교운영위원회 활용방안

교육경비지원 중단 지침을
철회하라!

 각 시군구마다 교육경비를 지원할 수 있는 조
례가 있다. 조례가 전국적으로 제정되고 난 뒤
각 지자체에서는 지역교육의 발전과 저소득층
의 교육격차 해소를 위해 상당한 예산을 학교
에 지원하고 있었다.

 실제로 우리나라 교육예산은 OECD국가의
평균보다 낮으며, 학부모의 부담은 높게 나타
나고 있다. 이러한 상황 아래서 지자체의 재정
이 열악함에도 불구하고 예산의 일부를 교육에
투자하여 그 차이를 일부 충당하고 있었다.

 또한 그간 전국 시군구에서는 지역의 교육여
건을 향상시키기 위해 매년 교육경비를 열악한

학교에 우선적으로 지원해왔다. 이같은 자치단체의 교육경비 지원에 힘입어 부족한 교육환경이 일정수준 개선될 수 있었다.

그런데 관행적으로 지자체가 지원하고 있던 교육경비를 안전행정부가 재정이 열악한 지자체에서는 지원을 전면 중단하라는 지침을 내린 것이다. 교육격차 해소를 위한 많은 사업들이 중단될 위기에 처하게 되었다.

긴급으로 17개 시·도 학교운영위원장협의회 회장들과 함께 정부서울청사에 모였다. 안전행정부 앞에서 '교육경비지원 중단 지침 철회'를 촉구하는 긴급 성명서를 발표하였다.

성명서는 열악한 지역의 교육격차가 한층 가속화돼 열악한 지역의 상황은 더 어려워질 것이므로 안행부는 교육경비 지원중단 지침을 즉시 철회하고, 교육부가 앞장서서 지자체의 교육경비보조에 관한 제한 규정들을 삭제해 줄 것을 주문하였다.

이러한 학부모의 건의가 관철되도록 범국민적인 서명운동 등 다양한 방법으로 철회 운동을 펼쳐나가고, OECD 평균 수준의 교육 예산을 편성해 줄 것을 지속적으로 요구하기로 하였다.

안전행정부 앞에서의 교육경비 지원 중단 지침 철회 성명서 낭독

민원 폭주를 가져온
'시간선택제 교사제도'

 아침부터 전화벨이 계속 울린다. 학부모들로부터 걸려온 전화였다. 전화의 내용은 '시간선택제 교사제도'를 시행하지 못하도록 꼭 막아달라는 것이었다.

 각 지역별로 하루에 약 300통의 전화가 3일간 연속 걸려와 업무가 마비될 지경이었다. 주로 수도권과 영남권에서 전화가 많이 왔다.

 서울의 한 학부모는 시간선택제 교사가 저녁에 수업과 관련된 과외 등 겸업을 하게 되면 시험문제의 유출 등으로 부작용이 발생하는데 대해 우려를 나타냈으며, 경북 구미의 한 학부모는 교육은 교사와 학생간의 관계맺음을 통한 신뢰가 중요한데 이런 특성을 고려하지 않고 이 제도가 도입되면 학교 현장은 더욱 황폐화될 것을 우려했다.

특히 대구의 몇몇 학부모는 "공교육의 질 저하로 학부모가 부담하는 사교육비가 높아졌는데, 시간선택제 교사가 채용되어 학교 에 들어오면 공교육의 질 저하가 촉진되어 학부모들의 부담은 더 높아질 수밖에 없지 않느냐"면서 분통을 터뜨렸다.

긴급 설문조사를 해보았다. 학부모 1,758명과 학교운영위원 1,020명에게 여론 조사를 실시한 결과 92%(2,555명)가 시간선택제 교사 채용에 대하여 결사반대와 심각한 공교육 질 저하에 대한 우려를 나타냈다.

현재도 학교는 정책이 바뀔 때마다 검증없이 도입한 영어전문강사, 과학전문강사, 체육전문강사 등 다양한 형태의 교사가 존재하여 신분과 역할 그리고 차별논란 등으로 많은 어려움과 갈등을 겪고 있는 상황에서 또 다른 형태의 교사제도가 도입되면 학교 현장은 더 혼란스러워질 것이고, 학생과의 관계, 동료교사와의 관계 등에서 많은 부작용이 예상되고 공교육의 질이 심각하게 떨어질 것이다.

즉시 성명서를 발표했다. 학교현장에서 교사에 대한 수요가 있다면 정교사 임용 인원을 우선 확대하고, 현재 문제가 되고 있는 기간제 교사의 증가와 신분 불안 문제를 먼저 해결하고, 육아로 인한 경력 단절의 문제가 있다면 정교사 안에서 일부 허용하는 방향으로 진행해 달라는 것이다.

전국 17개 시·도별 학교운영위원회협의회에서도 학부모들이 우려하는 시간선택제 교사 제도의 도입을 전면 재검토해 줄 것을 교육부에 건의함과 동시에 강력한 학부모 연대를 구축하여 제도폐지운동의 수위를 점차 높여 나가기로 긴급 결의하였다.

역사교과서,
차라리 국정교과서로 돌아가라

역사교과서 채택에 대한 논란으로 학교 현장이 시끄럽다. 보통 학교에서 사용할 교과서의 채택은 교과서선정위원회에서 장·단점을 분석하여 3배수로 추천하고 학교운영위원회를 개최하여 심의한 후, 학교로 이첩하면 학교장이 최종 결정하는 순으로 진행된다.

2013년 교육부에서 역사교과서 오류에 대한 수정지시를 한 후 검정 통과된 역사교과서는 8종이다. 이 8종의 역사교과서 선택에 있어서도 단위학교에서는 학교운영위원회를 개최하는 등 기본적인 절차를 거쳐 교과서를 선정하였을 것이다.

우리 학부모들은 학생들이 배우게 되는 역사 교과서가 바르게 쓰여 미래 우리나라를 이끌어 나갈 청소년들의 역사관이 올바르게 정립되기를 바라고 있는 상황에서 선택된 역사교과서에 대하여 또다시 취소하는 과정에서 학생·학부모가 휘둘리고 있어 매우 걱정스럽다.

이러한 논란의 시발점은 검정의 제도적 결함에 있다. 처음부터 이러한 좌편향, 우편향의 논란들이 나오지 않도록 좀 더 철저히 검정을 하여야 했다.

학교운영위원회에서 채택된 교과서가 특정의 세력에 의해 획일화로 변질되거나, 결정이 번복되는 것은 초중등교육법상 학교운영위원회의 취지를 심각하게 훼손하고 있으며, 학교운영위원회의 다양성을 무시하는 행위라 할 것이다.

물론, 학교운영위원이 학부모의 정확한 의사를 알 수 없을 뿐만 아니라, 역사교과서의 내용에 대해 전문가의 조언을 듣거나 선택을 위한 기본적인 연수 기능을 제공하지 않기 때문에 심도 있는 심의를 진행하기에는 어려움에 있는 것은 사실이다.

그렇지만 선택된 교과서가 다시 취소되는 현상이 나타나면서 학교운영위원회의 기능 실추는 물론 학교현장에서 편 가르기와 이념 대결이라는 부작용이 발생하고 있다. 나아가 이것을 악용하여 사회적 갈등으로 확산시키려 하는 분위기가 있어 심히 우려스럽다. 차라리 국정교과서로 돌아가는 것이 더 낫다.

우리 학부모는 이러한 충돌을 희망하지 않는다. 앞으로 학부모와 학교운영위원회가 역사교과서를 잘 선택할 수 있도록 교육부에서의 철저한 검정을 반드시 해 주어야 한다. 그리고 나서 교과서를 선택을 위한 기본적인 운영위원 연수와 전문가 컨설팅을 받게 하여 합리적이고 선진적인 교과서 선정 체계를 정비하여야 한다.

학부모가 실현하는
교육자치

수요자 중심의 교육자치를 표방한지 23년이 흘렀다. 그 동안 '수요자 중심의 교육자치를 한 다'고는 하였지만, 실상은 교육수요자인 학부모 는 교육자치제도에 직접 참여할 방법이 없었다.

교육감, 교육위원회에 참여하려면 교원 경력 이 있어야만 출마할 수 있도록 하는 법규를 만들 어 수요자의 참여를 제한하였다. 참으로 세계에 서 그 유래를 찾아보기 힘든 독점적 제도이다.

독점은 결국 학부모가 부담해야 할 비용이나 고통의 증가를 가져온다. 사교육비 증가, 공교 육 질 저하, 교육이민, 기러기 아빠의 양산, 학 교 붕괴, 진보 · 보수의 이념대립 등이 그 사실을 여실히 보여준다.

2014년 6월.

학부모도 교육감을 할 수 있도록 법이 바뀌었다. 교육수요자가 교육 자치에 능동적으로 참여할 수 있도록 제도가 바뀌었다. 독점적인 제도에서 개방적인 제도로 변화된 것이다.

교육자치의 핵심은 교육감이다.

학부모는 교육감을 잘 선출해야 한다.

교육감이 학생·학부모의 교육수요를 얼마나 잘 반영하고, 교육수요자를 위해 무엇을 고민하고 실천했는지를 살펴보고 투표하여야 한다. 그래야만 교육의 주체인 학부모, 학생, 교사의 고통이 줄어든다. 교사에 대한 권위도 학부모가 세워 주어야한다. 이것이 학부모가 직접 나서야 하는 이유이다.

교육 경쟁력 향상, 미래 인재 육성, 존경받는 교사, 행복한 학교가 학부모로부터 실현되기를 기대해 본다.

공교육 살리기...
대통령 밖에 믿을 수 없다

1991년 지방교육자치제도가 도입된 후 23년 동안 교육의 주체인 학부모를 배제한 채, 교원들만 참여하는 독점적, 폐쇄적 교육자치를 하여왔다.

그러다보니 지금 우리의 교육은 학교 붕괴, 공교육 질 저하, 기러기 아빠의 양산, 세계에서 유례없는 사교육비의 증가와 진보·보수의 이념대립 등 수 많은 문제들이 발생하였다. 물론, 그 피해는 고스란히 교육수요자에게 전가되어 학생·학부모가 희생양이 되고 있다.

이러한 교육의 문제는 교원만의 손으로 해결하는 것이 불가능하여 다양하고 유능한 인사가 교육행정에 참여하여 교육문제를 해결 할 수 있도록 2010년에 교원경력을 폐지하는 법 개정이 이루어졌다.

그러나 지난 2014년 2월 5일. 다시 교육감의 피선거권을 교육경력 3년 이상으로 하는 지방교육자치에 관한 법률이 국회 본회의를 통과하였다.

교원경력 3년이 무슨 의미가 있는가? 대학교원 3년의 경험이 초중등학교를 운영하는 교육감과 무슨 관련과 전문성이 있는가? 마찬가지로 초중등교원 3년 경력도 교육감의 인사, 예산, 정책의 운영과 지방자치단체와의 협치를 하는데 있어 무슨 전문성이 있는가?

왜 항상 교육의 주체를 운운하면서 학부모를 배제시키는가? 초중등교육법에서 인정하는 학교운영위원(학부모 및 지역 운영위원)들은 왜 또 배제시키는가? 우리들은 학교운영에 대한 지식도, 경험도 없는 무식한 사람들인가?

그러면 대통령을 비롯하여 국회의원, 단체장,

❶ 대구교육청 앞에서 학부모의 헌법적 기본권을
제약하는 "교육감 교원경력 3년 부활 입법" 반대 항의 삭발식
❷ 청와대 앞에서 학부모 기본권 수호를 위한 대통령의
법률거부권을 반드시 행사해 줄 것을 촉구하는 성명서 발표

지방의원 등 선출직에 출마하려는 사람들도 행정 경력 등 자격을 제한하도록 해야 공평하지 않는가?

전국의 학부모와 국민들은 전교조와 교총 등 특정 세력, 특정 집단의 이익을 위해 우리가 가진 천부인권적 기본권과 평등권을 제약당하고, 공무담임권마저 박탈당했다. 교육수요자이면서, 세금을 내고 있는 이 나라의 주인인 학부모와 국민들을 지배케 하도록 특정인에게 독점적 권한을 주는 국회가, 나라가, 전 세계에 어디에 있단 말인가?

이제, 대통령이 직접 나서야 한다. 대한민국의 헌법을 준수하고 수호해야 하는 대통령이 전국 학부모와 국민의 기본권을 지켜야 한다. 위헌적인 '교육감 교육경력 3년 부활 입법'에 대한 법률거부권을 반드시 행사해야 한다.

새로운 교육의 패러다임 형성과 교육혁명을 완성하려면 기존의 틀로 복귀해서는 답이 없다.

교육혁명이
창조경제를 이끌 때다!

한국은 교육으로 이룩한 나라다. 그런데 교육으로 이룩한 나라가 지금 교육 때문에 나라의 기둥이 흔들리고 있다. 공교육 붕괴, 사교육 왕국, 교육이민, 진보·보수의 이념갈등이라는 난제들을 어떻게 해결할 것인가?

교육 위기의 원인은 국가주의적 통제 정책과 철학 부재, 정책의 일관성 결여에 있다고 해도 과언이 아니다. 그 부작용으로 학부모들은 공교육을 불신하고 사교육에 의존하고 있으며, 엄청난 사교육비 부담으로 고통을 받고 있다.

우리나라가 교육에 투자하는 재정은 OECD 국가의 평균보다 낮다. 물론 학부모가 부담하는 사교육비까지 합치면 아마도 OECD국가 중 교육에 소요되는 비용은 가장 클 것이다.

이제 교원의 힘만으로는 우리나라 교육을 살릴 수 없다. 현재의 통제 중심적 교육구조와 교원들만이 참여하는 교육자치 체제하에서는 교육개혁, 교육혁명을 부르짖어 봐야 공허한 메아리다.

교육은 산업이다. 제3차 산업혁명의 중심이 교육이다. 교육도시를 만들어야 한다. 필자가 학교운영위원장협의회 회장으로 있었던 대구를 교육도시로 만들자고 이주호 의원(교육과학기술부 장관 역임)에게 제안한 적이 있다.

대구와 경산 등 위성도시를 포함하여 교육특구로 만들자는 것이었다. 이유는 대구 경제가 최악이며 지역의 인재가 타 지역으로 빠져나가 도시의 활력이 사라진 상태였기 때문이었다.

소비도시에서 생산도시로 만들어야 한다. 인재들이 빠져나가지 않고 몰려오는 도시로 만들어야 한다. 특구지정과 교육재정을 투입할 수 있도록 학부모와 지역사회가 합심하여 특별법을 만들어야 한다. 그리고 세계학부모총회를 개최하여 교육의 중심지로 만들어야 한다. 물론 UN 산하의 국제사무국도 유치해야 한다. 그러면 현재 교육도시로서 활력이 넘치는 미국 보스턴 도시를 뛰어넘는 새로운 창조 교육도시가 만들어진다.

창조도시, 창조경제는 공장이 하는 것이 아니라 창조적인 사람들이 하는 것이다. 사람이 먼저다. 교육에 대한 의식 개선과 체질을 바꾸어야만 당면한 교육문제를 해결하고 새로운 교육 생산력을 만들어 낼 수 있다. 학부모, 교육자, 지역사회가 상호 협력하는 새로운 시스템으로 교육혁명을 이루어야 한다. 이제는 교육혁명이 창조경제를 이끌 때이다.

뿔난
학부모의
아름다운 반란
» 부록

황금초 교장선생님의
감사글

1. 본교의 실정

　본교는 정부로부터 급식비를 지원받는 저소득층 자녀가 45명 정도나 된다. 그리고 익명의 독지가로부터 지원을 받는 아동을 제외하고도 70명 정도의 아동들이 급식비의 일부 또는 전체를 납부하지 못하고 있는 실정이었는데 이를 금액으로 환산하면 320만 원 정도나 되었다. 이 거금을 해마다 연말에 아동들이 벌이는 이웃돕기 성금에서 충당하고 있는 실정이었다. 해마다 이런 일이 되풀이 되고 있으니 학교에서는 가정통신문을 통해 급식비의 자진납부를 독려하고 달마다 누가되는 급식비를 학부모님들에게 공지하기에 이르렀다.

2. 온정의 손길 태동

본교의 안상금 운영위원장은 수성지구 운영위원장 회의에 이런 사실을 통지하고 운영위원장협의회에서는 이런 실태를 협의하여 자기 학교의 학생 또는 타교의 학생들을 위해 급식비미납자돕기운동을 전개하기로 의논을 하였다. 본교에서는 가정통신문을 작성하여 아동들을 통해 가정으로 이 운동의 취지를 알려 학부모들이 자진 동참할 수 있는 길을 알려 주는 한편 학교에서 열리는 학부모회의에서 그 취지를 직접 설명해서 호응을 얻기에 이르렀다.

3. 모금 활동의 전개

가정통신문에는 모금활동 일시, 장소, 모금방법 등을 자세히 알려 정해진 날에 운영위원일동, 시교육위원, 학부모회, 체육회의 도움을 받아 많은 학부모님께서 참가하도록 유도하였다. 정해진 장소인 대구은행 본점 사무실에 별도의 공간을 할애받아 모금활동이 예정대로 진행되었다. 현금을 기탁하시는 분, 은행계좌를 이용해 달마다 일정액을 송금해 주시는 분, 동사무소 직원 복지담당 분야에서도 송금해주시는 경우도 있었다.

당일 모금된 돈은 231만 5,000원이었다. 특히 본교의 학부모님들이 우리 학교의 사정을 감안하여 가장 많이 참석해 주었다. 우리 학교 교직원도 학부모님들의 성의에 감탄하여 동참하도록 의견을 모으고 모금 당일에 교사들의 성금은 교감선생님이 회장에게 전달하였다. 또 수성지구 위원장께서도 일금을 보내어 주셔서 유효하게 활용하였다.

4. 전년도의 급식비 기탁 사례

2005년도에는 익명을 요청하는 학부모님께서 180만 원, 치과 교의께서 100만 원, 동사무소 복지부에서 모금한 돈 100만 원 등을 받아서 모자라는 금액을 충당하기도 하였다.

5. 앞으로의 전망

온정의 손길이 닿았단 2005년도와 2006년의 양차년도는 본인이 학교장으로 재임하는 기간동안 주위분들로부터 많은 도움을 받아 학교경영에 효율적으로 대처할 수 있었다.

시간이 지날수록 본교에 위치한 애망원, 장애인 사회복지관을 비롯하여 본교 아동 중 신체 장애아, 난치병 환자등이 늘어나고 있다. 국가의 복지사업이 이들의 수요를 충족시키지 못하고 있어 걱정되는 점이 많이 있다. 해마다 이들을 따뜻이 배려할 우리 모두의 노력이 필요하다.

대통령후보들이 약속한
'학부모가 희망하는 10대 교육정책'

1. 수요자 중심 교육 활성화
   - 학교 선택제 등 교육수요자의 요구가 적극 반영될 수 있는 제도 강화
   - 정규교육과정과 학교밖 학습활동을 연계하는 다양한 학력인정체제 형성
   - 경쟁력 있는 학제 개편으로 젊은이의 사회 진출 시기 앞당김
   - 교육정책 협의 시 학부모 대표를 우선 협상대상자에 반드시 포함

2. 학습자 중심의 교육과정
   - 학교교육의 질적 고급화와 지식·문화 중심사회의 인재양성 내실화

- 학년 간 이동, 수준별 수업, 학생들의 희망 강좌 개설, 인접학교와의 교육 과정 공동 운영 등 학습자 선택에 기초한 맞춤형 교육과정 운영
- 재능 존중을 기반으로 한 영재교육 기회 및 진로 지도 확대

3. OECD수준의 교육여건 마련

- 교육재정 GDP 6% 확보 ⇒ 지방교육재정교부금법 개정 및 교육세 확대
- 급식비, 현장학습비, 학용품비 등을 무상 지원하는 의무교육 확대
- 교원의 법정정원 100% 확보와 초 · 중등 교원 정원 조정권을 행정자치부에서 시 · 도교육청으로 이관
- 수도료, 전기료, 가스료를 교육활동 지원차원에서 산업용 보다 낮게 인하

4. 공교육경쟁력 및 교직전문성 제고

- 교원평가(1년 주기, 학부모 참여)의 제도화와 교사 자격 갱신제도 도입

– 교단교사 우대 풍토 조성, 교원 전문성 신장 연수
비 지원, 수석교사제 도입
– 우수교원에 대한 6개월~1년 학습년제 도입
– 학부모의 자녀학습권에 대한 법제정, 교권보호 ·
의무 관련법규 강화

5. 단위학교 자율운영체제 강화

– 단위학교 교육과정 편성 · 운영 및 교원 인사의 실
질적 자율성 확보
– 학교교육의 자율성, 책무성 강화를 위한 학교평가
제도의 개선
– 공립 학교운영위원회를 의결기구화 하여 단위학
교의 책임 경영제 실현
– 학습정보와 학부모 교육을 위한「학부모지원센터」
설립 · 운영 지원

6. 학부모부담 교육경비 절감 대책 구축

– 우수한 강사와 양질의 방과후학교 프로그램의 개
발 · 보급 및 지원

- 학교운영지원비 폐지, 교재 구입경비 경감책 마련
- 온라인 교육 강화, 수강료 등의 정보공개, 사교육 관리와 통제 강화
- 외국어 교육환경을 OECD국가 수준으로 확대, 영어교육의 민간참여

7. 소외계층의 교육적 배려로 교육공동체 형성

- 빈곤층, 취약계층에 대한 지역·국가 단위의 교육비 지원 강화
- 농산어촌의 '학생수 기준 교원 배정' 폐지와 사회 소외계층 지원
- 대입정원 외 '농어촌학생 특별전형'을 읍·면 소재지 학교·학생으로 제한
- 교육적 배려집단에 대한 바우처 제도 등의 교육비 지원 확대
- 특수교육 대상 학생에 대한 종합적인 행·재정적 지원책 대폭 개선

8. 국가경쟁력 확보를 위한 글로벌 인재 양성

　　– 세계화 시대에 적합한 열린 한국인을 지향하는 교육의 강화

　　– 세계인과 더불어 살아 갈 수 있는 보편적 윤리의식 함양교육

　　– 창의성 신장을 위한 탄력적 교육과정, 교원능력 향상 등 지원 강화

　　– 언어 장벽을 넘어 자유롭게 의사소통할 수 있는 능력의 향상

9. 교육주체가 함께하는 인성 · 경제교육 체제 확립

　　– 학부모 · 학생 · 교사가 참여하는 '인성교육위원회' 설치와 인성교육 강화

　　– 체험학습, 봉사활동 등 학교 밖 활동과 연계한 인격수양 교육 강화

　　– 경제관련 교과과정의 비중확대와 교육효과 증대를 위한 내용 개발

　　– 실생활 경제교육 프로그램의 개발 · 체험으로 건전한 경제관 정립

10. 학생 건강 및 학교급식 질 향상을 위한 종합대책

- 보건교사, 영양교사의 1교 1인 이상 배치와 직무교육 의무화
- 학생의 성장발달 단계에 따라 교육과정 상의 보건교육 실시
- 식재료의 안정적 공급과 품질관리를 위한 '학교급식지원센터' 설치·운영
- 친환경 우리농산물 학교급식 확대를 위한 표준식단 실현 지원강화

우리의 것은 좋은 것이여...
도농교류협력

1. 추진방향

경북의 우수 농특산물을 학교급식에 공급될 수 있도록 학부모, 운영위원, 학교장을 생산현지 견학 확대(학교급식 확대), 여가문화가 '보는 것(Seeing)에서 해보는 것(Doing)' 중심으로 변화됨으로 수요자 중심의 다양한 체험프로그램 마련(농촌체험마을 활성화), 도농교류 확대를 통한 소비자단체와 농특산물 직거래를 위한 급식박람회 개최 등 소비촉진을 추진(도농교류 활성화)하는 것이었다.

2. 추진성과

1) 생산지 직접 방문 및 체험

– 참가인원 : 2,006명

‑ 추진횟수 : 24회

‑ 대구와 서울시 중심으로 경북산지를 직접 방문 및 체험함으로써 직접적인 구매를 촉진하고, 홍보 전 파자로서의 역할을 수행하도록 하였음

2) 2,380개 학교, 23,800명에게 도농교류 홍보

‑ 서울시 1,200개 학교, 경기도 760개 학교, 대구시 420개 학교에 경북의 도농교류에 대한 주요내용 소개와 홍보를 통해 참가자를 선발하였고, 각 지역 단위 학교장, 운영위원장, 운영위원에게 공문 발송 및 대내외 홍보

‑ 전체 학교운영위원 중 학부모 운영위원 17,520명 (서울:9,600명, 경기:4,560명, 대구:3,360명)에게는 E‑Mail 및 교내 공지를 통해 경상북도와 전국학운 위의 도농교류 협력내용에 대해 홍보자료 전송

‑ 본회와 함께 학부모 활동을 하는 14개 유관단체 (한국학부모총연합, 청소년복지후원운동본부, 교육선진화, 위즈덤포럼 등)에 경북의 도농교류 홍보 강화

- 연합통신, 인터넷 등 총 12회의 언론 보도를 통한 홍보
- 본회 홈페이지에 경북 사이소 배너 연결하여 지속적인 홍보실시
- 경북농산물 100개 품목을 넘겨받아 학부모공동구매 사이트에 홍보실시

3) 교류협력 업무협약(MOU) 추진

- 상주 상생촌, 문경 오미자체험촌, 갈색 가바쌀, 안동 풍산김치, 영천 운주산 승마장 등은 본회에서 홍보를 지속적으로 추진하였으며, 업무협약체결을 추진하여 대도시 학부모와 직거래를 할 수 있도록 홍보하고, 체험학습장 방문을 유치하였음 (갈색 가바쌀 업무협약 체결 후 급식 100개 학교 추진)

4) 현장체험학습장과 수학여행 연계 추진

- 영주 선비촌, 경주 양동마을, 경주 세계문화엑스포, 포항 등을 수학여행과 연계하여 프로그램을

추진하여 서울도성초 외 다수 학교 수학여행 실시 (연인원 6천명 추정)

– 경북도(관광산업국)와 수학여행 유치를 위한 업무 협약 체결(2009. 11. 11)로 2010년 서울 지역 학교 장, 운영위원장 300명을 경북 체험학습(수학여행) 유치 팸투어를 실시 이후 포항, 경주에 수학여행 학교가 증가

5) 주요 직거래, 현장체험학습 성과

– 안동 풍산김치 학교 급식 홍보

– 영주 APC 사과 현재 약 200상자 정도 직구매

– 문경 오미자 체험촌의 오미자 500병 정도 직구매

– 영주 선비촌, 문경 철로자전거, 영주 사과따기 현장체험 학습에 서울 가락초 외 다수학교 참가

– 영천승마장, 영천 천문과학관, 경주 양동마을, 포항 성동마을, 경주세계문화 엑스포 등지에 대구 황금초 외 다수학교 체험학습 실시

– 학부모가 자녀와 함께한 개별 탐방 및 홍보

6) 농림수산식품부와 함께 전통음식체험 및 연수

– 서울에 전통식품 만들기 체험장 구축 및 연수시
설 구축으로 경북 농업, 농촌의 가치증진에 기여
예정

3. 향후 추진방향

1) 대도시 및 학교운영위원회와 연계한 이동교실 운영

① 도시권의 초·중·고교 학생을 대상으로 농촌체
험프로그램을 교육프로그램과 연계시켜 1학기 1
번정도 농촌체험체계 구축

② 장소 : 폐교 등을 활용한 농촌체험마을(교촌마을,
나라골, 보리말마을 개실마을, 세심마을 등)

③ 도시학생들의 이동교육 거점 ⇒ 가족단위 및 일
반인 이용 거점 ⇒ 도시와 농촌간의 다양한 교류
사업 추진 거점으로 기능 확대

④ 이동교실 주요내용

– 매년 5월~10월중 2박3일 과정으로 폐교 등을 활
용한 농촌체험 마을에서 도시 5학년을 대상으로
추진

- 여름방학 농촌에서 보내기
  - ▶ 학습모험형 : 청소년 자연학습캠프 및 생태문화 캠프 운영
  - ▶ 농업·농촌체험형 : 친환경농업체험, 일손돕기, 전통문화체험 등
- 지속적 농촌유인을 위한 유실수(사과·포도나무) 분양
- 주요체험으로는 고택체험, 친환경 농사체험, 향토음식체험, 캠프파이어, 별자리 관찰 등(우천시를 대비 다양한 프로그램 개발)

2) 도시민(학부모, 청소년) 초청 친환경농업 체험교실 등 운영
  ① 사업내용 : 농업을 접할 수 없는 도시 어린이들과 학부모들에게 친환경농산물 생산·유통과정 등 현장체험
    - 친환경 농식품 요리 만들기 체험(UCC 경진대회 등)
    - 농촌민박 또는 고택숙박 체험

‑ 우리농산물 시식을 통한 오감만족 등

3) 도시 초 · 중 · 고등학교와 경북도 체험마을간 1校 1村 활성화

① 미래의 주역인 청소년들에게 교외체험학습 활성화로 농업 · 농촌에 대한 이해 증진

‑ 청소년 생산 현장 및 농촌문화 체험

‑ 초등학생을 위한 농업이야기

‑ 친환경 인증농산물 홍보 및 안전 농산물 소비 촉진

위즈덤교육포럼
취지문 등

1. 위즈덤교육포럼 취지문

세계적인 미래학자 허만칸은 일찍이 교육은 제4차 산업으로 등장한다고 했습니다. 지금 이 예언은 현실화 되고 있습니다. 미국의 클린턴 전 대통령도 "교육은 21세기의 가장 중요한 안보이슈"라며 세계 최고의 교육을 지향한다고 역설했으며, 영국 전 총리 토니불레어도 "영국이 21세기 주역으로 부상하는 것은 전적으로 교육에 달려 있다"라고 강조했습니다.

우리나라처럼 부존자원이 없고 인적자원이 핵심인 경우에는 교육만이 살 길입니다. 교육이 바로서야 나라가 바로 섭니다. 그러나 우리의 현실은 그렇지 않습니다. 입시위주, 학벌위주의 사회가 빚은 사회 병폐는 심각한 문제입니다.

이러다 보니 학교교육은 인격과 품성을 가꾸는 전인교육과 생활을 위한 지혜를 배우고 가르치는 데는 소홀합니다. 또한 공교육이 인정을 못 받고 상대적으로 사교육비만 가중되는 현실 속에서 우리 학부모님들의 고민을 누구도 해결해 줄 수 없는 것이 우리의 안타까운 현실입니다.

세계 권위 있는 연구기관 IMD의 발표에 의하면 경제규모 면에서 한국경제 국제 경쟁력은 13위로 나왔지만 삶의 질의 순위는 86위였고, 교육경쟁력 순위는 40위였습니다.

지금 시대정신은 우리를 채찍 합니다. 분연(奮然)히 일어설 때라고 !

"Stupid! It's the Education. (바보들아! 이제는 교육이다)"라고 외쳐 봅시다.

우리 모두 교육에 올인해야 합니다. 그것만이 살 길입니다.

우리는 2만 달러의 선진 국가로 진입하는 문턱에서 국제경쟁력을 갖춘 양질의 교육을 해야 합니다. 논리력, 분석력, 문제해결력, 창의력 등 고차적 정신 기능을 강조하는 교육도 해야 합니다. 성숙된 시민으로서 존경받는 국가가 되어야 합니다. 그래야 만이 우리는 선진국 대열에 설 수 있습니다.

따라서 우리 '위즈덤교육포럼'에서는 지혜를 모아 정책대안을 제시할 뿐만 아니라 몸소 실천하고, 비전을 제시하고 한국의 교육을 이끌어 가는데 선도적 역할을 담당하고자 합니다.

우리 모두 교육의 백년대계를 위해, 삶의 질을 높이기 위해, 「위즈덤교육포럼」에 뜻있는 분들의 힘을 모읍시다.

위즈덤교육포럼 발기인 일동

2. 위즈덤교육포럼 비전 및 주요 업무

◈ **비전**

1. 교육의 본질적 가치 추구
2. 자유민주주의 이념에 기초한 교육공동체 추구
3. 교육의 수월성과 평등성의 발전적 조화
4. 공교육의 경쟁력 강화
5. 교육 중심의 국가정책 실현

◆ **주요 업무**

1. 전인적 인간 양성을 위한 연수에 관한 활동
2. 교육환경 및 제도 개선을 위한 교육정책 연구 활동
3. 교육중심의 국가 정책실현을 위한 여론 조성 및 활동
4. 교육의 다양성과 창의성 및 국가 경쟁력을 높이는 교육 활동
5. 대중전달 매체를 통한 에티켓 등 인성교육
6. 강연회, 토론회 및 학술관련 행사
7. 목적사업의 실현을 위한 간행물 발간 및 타 단체와의 제휴 활동
8. 기타 본 포럼의 목적 달성을 위한 교육 활동

3. '위즈덤교육포럼' 창립 선언문

지금 세계는 개방과 경쟁, 지식기반 사회로 급속히 진행되고 있으며, 교육에 있어서도 소비자 선택에 의해 국가 간 이동이 일어나는 시대에 우리는 살고 있습니다.

특히, 교육 수요자인 우리나라 학부모들의 '교육열'

은 세계 최고이며, 이러한 교육열과 학부모의 희망을 교육정책으로 잘 이어지지 못해 나타나는 갈등과 지체 문제는 기러기 아빠의 양산, 공교육의 불신, 사교육비의 팽창 등 다양한 교육문제로 대두되고 있습니다.

따라서 우리 '위즈덤교육포럼'은 우리나라 교육을 걱정하는 교육자 · 학부모 · 각계 전문가들의 힘을 합쳐 교육의 자주성과 전문성 및 정치적 중립성의 토대위에 전인교육을 달성하고, 학부모들이 희망하는 교육수요를 받아들여 우리나라 교육의 방향을 제시 · 실현시키는데 온 힘을 기울일 것 다짐하면서 다음과 같은 일을 하고자 합니다.

첫째, '위즈덤교육포럼'은 우리나라가 교육선진 국가로 가기 위한 여론을 수렴하고 적극적인 행동에 앞장설 것이며, 연구, 자문, 연수, 비판 및 대안을 제시하는 활동에 온 힘을 기울이겠습니다.

둘째, '위즈덤교육포럼'은 자유민주주의 이념에 기초한 교육의 본질적 가치를 기초로 한 전인적 인간을 육성하고, 자율, 책임, 경쟁을 통하여 공영의 가치를 추구하도록 하겠습니다.

셋째, '위즈덤교육포럼'은 교육의 수월성과 평등성을 발전적으로 조화하여, 지구촌시대를 이끌고 갈 경쟁력 있는 인재를 양성함으로서 삶의 질을 향상시키는데 노력하겠습니다.

넷째, '위즈덤교육포럼'은 우리나라 공교육의 경쟁력 강화를 위한 교육환경 조성 및 개선을 위한 운동, 건전한 학부모운동, 학교운영위원의 교육전문성 향상을 위해 적극 활동하겠습니다.

다섯째, '위즈덤교육포럼'은 물질만능에 따른 배금주의 사고에서 생의 가치를 추구하는 정신적 가치 중심의 교육으로 전환시키고, 그 실현을 위한 학부모, 시민들의 관심과 참여를 위해 주어진 소명을 다 하겠습니다.

2008년 12월 5일
위즈덤교육포럼 일동

한국학부모총연합의
취지문 · 비전 · 주요내용 · 선언문

1. 한국학부모총연합의 취지문

사회가 급속히 변화되고 있다. 지식기반사회화, 저출산 · 고령화, 세계화가 빠르게 진행되고 있다. 이에 따라 비정규직이 증가하는 등 노동시장도 유연해지고 있다.

이러한 사회 변화는 다양한 분야에서 학령기는 물론이고 평생에 걸쳐 자기 재능을 발전시키고 발휘할 수 있는 창의적인 지식인을 요구하고 있다.

즉, 학교교육과 함께 평생교육의 중요성을 강조하고 있으며, 지식 암기 위주의 강압적이고 획일적인 교육보다 창의적이고 자기 주도적이며 맞춤형의 학습 지원을 요구하고 있다.

그러나 우리교육은 여전히 지식 암기 위주의 강압

적이고 획일적인 교육에 매몰되고 있으며, 평생학습에 대한 지원마저 극히 미미한 실정이다. 학교는 모든 학생의 다양한 재능을 키워주기는커녕 오히려 사장시키고 있다. 뛰어난 능력을 가진 우수아도, 학습부진아도 방치되어 있다. 학생·학부모들은 다양한 교육적 요구를 사교육에서 충족하면서, 과도한 학습 부담과 사교육비에서 벗어나지 못하고 있다.

대부분의 학생이 대학에 진학하면서도 대학 졸업 후 자신의 진로에 대한 불안을 떨치지 못하고 있다. 이러한 교육을 통해 고통 받고 있는 것은 학생과 학부모들이다.

하지만 이러한 문제를 근본적으로 극복하기 위한 노력은 미흡하였다. 이제까지 수십 년 동안 교육정책은 정부 관료와 교원단체에 의해 좌우되어 왔다. 일부 교원단체는 자신들의 집단적 이해와 요구를 정책에 반영하려고 하였고, 때로는 교육 개혁에 저항하는 모습을 보이기고 하였다.

일부 학부모 단체는 정치이념에 치우쳐 편향된 목소리를 내왔고, 마치 그것이 전체 학부모의 요구인 양 왜

곡되어 왔다. 그 나마 존재하는 학부모들의 요구는 분산되고 소규모여서 정치권에 아무런 영향도 미치지 못하였다. 그 결과 학생·학부모, 국민 전체를 위한 교육 개혁은 이루어지지 못하였고, 학생·학부모 다수의 고통은 계속되어 왔다.

모든 사회 변화는 기존의 체제에서 가장 고통을 받은 사람들에 의해 일어났다. 이제 올바른 교육개혁은 기존의 교육체제로부터 가장 고통을 받고 있는 학생과 학부모들의 노력을 통해서만 가능하다는 것을 우리는 깨달았다. 그리고 우리는 그러한 권리를 가지고 있다.

학부모는 자녀의 친권자이자, 납세자이며, 나아가 이 나라의 진정한 주권자이다. 우리는 이제 모든 주권은 국민에게 있다는 '국민주권'의 원리, 지방교육자치의 원리 중 가장 기본적인 '주민통제' 원리를 분명히 자각하고, 그러한 자각을 바탕으로 교육 부문에서 이를 실현하고자 한다.

우리는 이를 위해 학교와 지역, 그리고 전국 차원에서 학부모의 요구와 힘을 모아 보다 큰 목소리를 내고자 한다. 집단이기주의가 아니라 모든 학생과 학부모를 위하고 사회공동체를 발전시킬 수 있는 미래지향적인 교육 대안을 제시하고자 한다.

또한 모든 학부모의 교육적 고민과 어려움을 덜어주고, 자녀교육을 위한 참여와 봉사만이 아니라 학부모 자신의 학습과 연수를 촉구하고 지원하기 위해 노력할 것이다.

그리하여 학생·학부모가 교육과 학습으로 자신의 개성과 소질을 발견하고 발전시키며, 자신의 삶을 개척할 수 있는 평생학습사회를 앞당기고자 한다. 우리 교육을 개선하여 자녀의 미래를 개척하려는 분들의 적극적인 동참과 헌신을 호소한다.

2. 한국학부모총연합의 비전

- 누구나 즐겁게 공부할 수 있는 선진국 수준의 학습사회 실현
- 즐거운 학생, 가고 싶은 학교, 만족하는 학부모
- 자녀를 마음 놓고 키울 수 있는 행복한 학습사회 실현

3. 한국학부모총연합의 목표(요구)

① 자율성과 책무성, 그리고 교육력이 향상된 신뢰 받는 학교를 요구한다.

- 교원의 교육력 향상을 위하여 교원능력개발평가를 조속히 제도화하라.
- 형식적으로 운영되는 부적격 교원 대책을 강화하라.
- 자기주도 학습, 맞춤형 학습을 지원하도록 교수학습과 평가 방법을 혁신하라.
- 학교의 자율성을 높이고, 학교구성원이 참여하는 교장공모제를 확대하라.
- 학부모와 교원, 지역주민, 전문가가 함께 참여하는 학교경영평가를 실시하라.
- 국가수준 학업성취도 평가를 강화하고, 기초학력을 책임 지도하라.
- 점진적으로 학교 교육정보 공개를 확대하되, 고등학교는 학력정보를 공개하라.
- 학교교육의 질 향상을 위해 실효성 있는 학교평가 시스템을 구축하라.

– 다양한 형태의 학교의 제공을 요구한다.

– 교원자격 갱신제를 도입을 적극 검토하라.

② 학습자 중심으로 교육과정을 운영하고 학생·학부모의 학교 선택권을 확대하라.

– 미래 사회에 필요한 창의적 인재 양성을 위해 핵심역량을 중심으로 교육과정과 교과서를 개편하라.

– 학교 교육과정을 다양화·특성화하여 개인의 다양한 소질과 능력을 개발하라.

– 학습자·수요자의 학교 선택권을 점진적으로 확대하라.

– 기초학력 미달학생을 위한 특별 지도를 통해 학습 결손을 해소하라.

– 진로지도를 초기에 실시하고 진로교육을 활성화하라.

– 자원봉사와 체험학습 활성화 등 인성교육 강화 대책을 강화하라.

③ 학부모 주체성을 확립하고, 조직을 확대하고, 세력을 모으며, 참여를 확대하자.

- 교육주권을 지닌 학부모로서 학교와, 지역, 중앙정부의 교육정책 수립과 학교운영에 적극 참여하자.
- 학부모 고충처리센터를 운영하여 학부모가 학교현장에서 겪는 고충 처리를 돕고, 어려운 문제를 함께 풀자.
- 왜곡된 학부모 상을 극복하고 건전한 교육문화를 조성하기 위해 노력하자.
- 학교 학부모회의 법제화, 활성화를 통해 학부모의 학교교육 참여도를 높이자.
- 학교와 지역, 전국 단위의 학부모 조직을 결집하여 세력과 역량을 강화하자.
- 교육주권자로서 당당히 요구하고 학습자·교육수요자로서 합당한 대우를 받자.
- 학부모, 주민 등 일반 국민을 대상으로 '좋은 부모'가 되기 위한 교육, 연수, 학습, 홍보를 확대하자.

④ 교육복지를 확대하여 학부모의 공교육비와 사교육비 부담을 대폭 줄여라.

- 정부는 교육 질 개선과 학부모의 교육비 부담 축소를 위해 교육재정을 대폭 확충하라.
- 영유아 보육과 교육의 공보육화, 공교육화 실현하라.
- 초·중등학교의 방과후학교 지원을 대폭 확대하여 사교육비를 경감하라.
- 대학등록금에 대한 적극적인 대책을 마련하여 학부모 부담을 축소하라.
- 점차 심각해지는 대학생 취업사교육비 실태를 조사하고 경감대책을 마련하라.
- 소외계층과 소외지역의 저소득계층 학생에 대한 최저교육복지비를 지급하라.

⑤ 안전하고 건강하며, 효과적인 교육환경을 조성하라.

- 학교 내 방범대책을 수립하여 학교폭력과 집단 따돌림이 없는 학교를 만들어라.

- 학교안전망을 구축하여 학생 대상 각종 범죄로부터 학생을 보호하라.
- 학교주변 통학로, 교육시설의 안전을 확보하라.
- 학교주변 청소년 유해시설, 교실공기의 질 악화 등 각종 유해환경을 제거하라.
- 육류 등 식재료의 원산지 표기를 확대하고, 식중독 예방조치를 확대하여 안전하고 질 좋은 학교 급식을 제공하라.
- 학생보건 개선을 위한 예산과 인력을 확충하라.
- 맞춤형 개별 학습과 수준별 학습이 가능한 교과 교실과 다용도실을 확충하라.
- 학교 냉난방시설을 확충하고, 조명시설을 개선하라.
- 교수학습 개선을 위해 OECD 평균수준으로 과대학교, 과밀학급을 해소하라.
- 학교 시설의 복합화, 학습.문화.체육시설의 통합으로 지역의 중심이 되게 하고 학교의 효율을 높이자.

⑥ 대학은 교육의 질을 높이고, 책무성을 강화하라.

- 교육적으로 바람직하며 유능한 인재를 판별할 입시제도를 마련하라.

- 입시제도의 다양성은 공교육 내실화, 학교자율화, 교육비용 절감과 직결

- 대학교 교육과정의 적합성과 유연성을 개선하여 졸업 후 취업률을 높여라.

- 대학교육의 질을 높이기 위해 국제수준의 평가시스템을 도입하라.

- 대학교수에 대한 강의평가를 교수의 임용과 승진 및 보수에 반영하라.

- 학벌 타파를 위해 대학 졸업생의 전공별 직무능력평가제를 도입하라.

- 수요자(학부모, 대학생, 기업 등)가 대학 만족도 조사를 실시하자.

- 대학을 지역주민을 위한 평생학습 지원센타로 재구조화하라.

- 서울대학교, 한국방송통신대학교 등 국·공립 대학교의 모든 강의를 온라인으로 국민에게 무

료 제공하여 전 국민에게 고등교육기회를 제공
하라.

⑦ 평생교육과 학습복지 실현
 – 계층 및 지역 간 교육격차, 학습 격차를 해소하라.
 – 성인에 대한 고등교육기회를 대폭 확대하라.
 – 평생학습계좌제를 실시하여 전 생애에 걸친 직
   업능력개발을 지원하라.
 – 지방자치단체는 주민의 생업능력 개발을 위한
   재정을 대폭 확충하라.
 – 사회변화추세에 대응하여 적극적으로 대처하기
   위한 미래교육비전을 제시하라.
 – 학교시설을 복합화하여 학습지원센타로 운영함
   으로써 학생만이 아니라 학부모와 지역주민의
   학습을 지원하라.

3. 한국학부모총연합 출범 선언문

 지금 세계는 개방과 경쟁, 지식기반 사회로 급속히
진행되고 있으며, 각 나라는 국가백년대계를 위해 '첫

째도 교육, 둘째도 교육, 셋째도 교육'이라고 강조하고 있습니다.

그러나 교육의 품질에 따라 학부모, 학생들이 국가 간 이동이 일어나고 있으며, 기러기 아빠의 양산, 공교육 불신, 사교육비 팽창 등은 '우리의 교육 품질이 경쟁력 없다'는 것을 단적으로 보여주고 있습니다.

따라서 오늘 우리 '한국학부모총연합'은 우리나라 교육을 걱정하는 학부모·교육자·각계 전문가들이 모여 학부모들이 희망하는 교육을 실현시키는데 온 힘을 기울일 것 다짐하면서 다음과 같은 일을 하고자 합니다.

첫째, '한국학부모총연합'은 우리나라 공교육의 경쟁력 강화를 위한 환경 조성과 개선을 위한 건전한 학부모운동을 위해 적극 활동하겠습니다.

둘째, '한국학부모총연합'은 교육의 수월성과 평등성을 발전적으로 조화하여, 지구촌시대를 이끌고 갈 인재를 양성하는데 다양한 노력을 기울이겠습니다.

셋째, '한국학부모총연합'은 우리나라가 교육 선진국으로 가기 위한 여론을 수렴하고 적극적인 행동에 앞장설 것이며, 자율, 책임, 경쟁을 통한 공영의 가치를 추구하도록 하겠습니다.

네째, '한국학부모총연합'은 자유민주주의 이념에 기초한 교육의 본질적 가치를 추구하여 국가번영과 인류공영에 이바지하도록 노력 하겠습니다.

2009년 2월 18일
한국학부모총연합 총재 송인정

청소년독도수호단 취지문,
김관용 지사의 축하메시지 등

1. 청소년독도수호단 취지문

유구한 역사와 전통에 빛나는 우리나라는 세계 현대사에서 그 유래를 찾아 볼 수 없는 부국 발전을 하였으며, 땀 흘려 이룩한 자랑스러운 국가 유산들을 후손들에게 물려주고 성공적 역사를 이어 갈 수 있도록 우리는 그 토대를 더욱 굳건히 해야 합니다.

그러나 우리의 학생들에게 우리나라의 역사의식, 정체성, 국가관등에 대한 이야기를 하면 진부한 이념적 인사로 낙인찍히는 학교, 사회적 분위기가 만연해 있는 상황에서, 일본은 독도를 자기의 땅이라고 선포하고 나아가 중학교「학습지도요령 해설서」에 대한민국 영토인 독도를 일본영토로 명기토록 한다는 독도침탈 행위를 스스럼없이 자행하고 있는 상황에까지 직면하게 되었습니다.

　1,400만 학부모님과 학생 여러분!

　우리 모두는 이제부터라도 자라나는 청소년들에게 정확한 역사인식과 더불어 독도가 대한민국 영토이며 후손에게 물려주어야 할 국가적 유산임을 확고히 하고, 영토주권 의식을 고취하여 우리 자녀들이 확고한 국가관을 정립하는데 적극 앞장서야 할 때입니다.

　우리 청소년들은 민족적 감정 대립과 갈등이 아니라 정확한 역사적 사실에 근거하여 토론과 설득, 사이버 외교활동을 통해 우리의 영토인 독도를 반드시 수호해야 합니다.

　또한, 우리의 자녀들이 국가 정체성, 역사의식 정립으로 세계화 시대를 이끌고 갈 글로벌 지도자로서의 품성도 함께 기르기 위해 '청소년 독도수호단'에 적극 참여하고 자랑스러운 활동을 펼쳐 나가길 기대합니다.

2009. 2. 18

청소년독도수호단 총재 송인정

2. 김관용 경북지사 '청소년독도수호단' 발족 축하메시지

한반도의 새벽을 여는 민족의 섬 독도를 수호하기 위해서 전국학교운영위원총연합회가 마음을 하나로 모은 '청소년 독도수호단' 발족을 진심으로 축하합니다. 청소년들에게 영토주권 의식 함양과 국가관 정립을 위한 큰 발걸음을 내딛게 되었습니다. 더 큰 발전과 활발한 활동을 기원합니다.

예로부터 독도는 우산도, 가지도, 독섬 등으로 불리며 풍성한 고기떼와 해산물의 보고였습니다. 우리 국민들 특히, 울릉도 주민들에게는 문전옥답과 같은 삶의 터전이었습니다. 그러나 일본은 2005년 소위 '다케시마의 날' 조례를 제정하고, 지난해에는 중학교 사회과 교과서 신학습지도요령해설서와 방위백서에 독도가 일본땅이라고 명기하는 등 침탈을 서슴지 않고 있습니다. 이것은 역사적으로나 지리적으로 또한 국제법적으로 엄연한 우리 영토임에도 불구하고 국제문제로서 분쟁화를 기도하는 것으로 볼 수밖에 없습니다. 그렇기 때문에 일시적이고 감성적인 차원을 넘어서 체계적이고 효율적으로 대처하는 차가운 이성이 정말 필요할 때라고 봅니다.

독도를 직접 관할하고 있는 경상북도는 독도의 영유권 수호를 위해 정주기반 구축 등 다양한 사업을 추진하고 있습니다. 또한 일본의 대응논리 개발을 위한 학술대회 개최와 독도 바다사자 복원사업을 통한 생태환경 보전, 독도자료 순회전시회, 독도탐방, 그리고 국내외 독도 홍보 자료 제작·배포 등 실효적 지배 강화를 위한 일련의 사업들을 착실히 진행하고 있습니다.

경상북도를 비롯한 범정부 차원의 이러한 노력과 독도를 지키고 사랑하는 국민 한 사람 한 사람의 성원이 하나로 조화되고 지속될 때, 독도를 분쟁지역화 하려는 일본의 야욕을 물리치고, 독도의 국제법적 지위를 공고히 할 수 있을 것입니다.

특히 청소년들이 올바른 역사관을 갖고 독도사랑의 모습으로 미래를 책임질 수 있도록 하는 것이 무엇보다 중요합니다. 그렇기 때문에 '청소년 독도수호단' 발족이 더욱 소중하게 다가옵니다. 정말 고맙고 자랑스럽게 생각합니다. 청소년들이 앞으로 범국민적·범세계적 네트워크를 구축하여 독도와 대한민국을 세계에 바로 알리는 홍보대사가 될 수 있도록 전국학교운영위원연합회의 역량을 힘껏 발휘해 주시기를 바랍니다. 전국학교운영연합회의 무궁한 발전을 기원합니다.

2009. 2. 18
경상북도지사 김관용

3. 찾아가는 팅코(THINK KOREA) 역사교실 참여

교과서에서 배울 수 없는 현행 역사 이슈에 관한 차별화된 내용으로 청소년들의 역사의식을 제고시키기 위한 학교 방문교육을 하는 것임.

주요내용은 현행 교과 실태를 파악하여 교과서에서 다루어 지지 않으나 청소년들이 반드시 알아야 하는 내용으로 구성, 일방적 주입교육이 아닌 참여·체험위주의 형태로 교재 및 교수법 개발, 자원봉사자 강사 활동을 총신대학교 김보림 역사학과 교수의 워크샵을 통해 교수방법 교육을 한 뒤 강연 파견

교재의 주요 내용

구분	교육 주제	주요내용
1	발해, 우리 민족의 역사인가?	발해 성립과정 (대조영과 고구려 계승의식), 발해의 전성기와 멸망, 발해의 문화, 우리 역사인 증거
2	중국의 동북공정과 역사교과서	동북공정이란, 동북공정의 배경, 중국과 다른 여러 민족과의 영토분쟁(서북공정, 서남공정), 중국 역사교과서 왜곡
3	한일 관계의 과거와 현재	고대로부터 현대에 이르기까지 한일관계사 조망 (칠지도, 임나일본부설, 조선통신사, 임진왜란등)
4	독도인가, 다케시마인가?	독도의 위치, 독도의 중요성, 독도의 역사, 독도관련 한일분쟁의 내용, 독도 문제에 대한 대응
5	일본의 역사 교과서 왜곡	일본 역사교과서 왜곡의 역사(1982년-현재), 일본 역사교과서 왜곡 내용, 우리의 대응

구분	교육 주제	주요내용
6	일본의 우익과 야스쿠니 신사	일본 우익세력의 역사(정한론), 일제강점기 일본 우익들, 현재 일본 우익의 주장, 야스쿠니 신사란?
7	재일동포는 누구인가?	재일동포의 역사, 일제강점기 일본의 징용제도, 추성훈등 현재 재일동포의 삶, 재일동포에 대한 우리의 자세
8	일제강점기 역사교육은 어땠을까?	일제 강점기 제4차에 걸친 조선 교육령의 특징, 식민사관, 타율성론, 일제 강점기 민족주의자들의 역사교육, 일제강점기 선교사들의 역사교육, 시사점
9	세계 역사 교과서 속의 한국	세계 각국(유럽, 미주, 동남아시아, 이슬람 국가 등)에 서술되어 있는 왜곡된 한국 관련 내용 소개, 시정 사례
10	동아시아 역사의 미래와 전망	한중일 공동 역사부교재 개발 사례, 독일과 폴란드의 역사교과서 협력 사례, 반크 등의 한국사 왜곡 시정 운동 소개, 바람직한 협력 관계를 위한 우리의 자세

다문화가정드림단
출범선언문

　오늘날 지구촌은 다양한 민족 구성원이 하나의 소중한 가정을 구성하여 삶을 공유하는 글로벌 시대를 살아가고 있다. 우리나라도 마찬가지로 다문화가정은 어색하지 않은 대한민국의 일원으로서 당당히 그 입지와 위상이 정립되고 자리 매김 되어야 한다.

　최근 다문화가정에 대한 정부의 지원과 지자체의 관심은 높으나 다문화가정의 자녀들의 학습 단계에 따른 학교 적응, 교육정보 제공 등의 미흡으로 다문화가정 학생들이 매우 어려움에 처해 있다.

　따라서 오늘, 다문화가정의 고민과 아픔을 진정으로 같이하고 자라나는 자녀들을 보다 가까이에서 보듬어주고 감싸주어 대한민국의 주역으로 성장할 수 있도록 지원하는 다문화가정드림단의 역사적 출발을 알리고

자 한다.

우리의 다짐!

하나, 우리는 다문화가정을 한층 더 깊이 이해하고 더불어 미래와 희망을 실현할 수 있는 다문화사회를 조성하는데 길잡이가 된다.

둘, 우리는 다문화가정과 더불어 지구촌시대, 글로벌 무한경쟁시대를 이끌어 나아갈 미래 인재를 양성하는 봉사자로서의 책무를 다한다.

셋, 우리는 다문화가정과 호흡하는 멘토링 네트워크 구축을 통해 다문화가정의 꿈을 보다 크고 가깝게 실현하는 동반자가 된다.

2011년 2월 19일
다문화가정드림단 총재 송인정

청소년금연법 청원 배경

1) 오늘날 청소년 흡연문제는 참으로 어려운 일이며 학
부모도 막지 못하는 사회교육적 환경이 어렵다는 이
유로 지난 8년간 성인의 흡연율은 26.7%가 줄고 대
신 청소년 흡연율은 10.8%가 늘었습니다. 2007년도
보건복지부 국감자료에서도 초등학교 고학년 때 흡
연을 경험한 중고등학생이 29%로 가장 많았고, 초
등학교 3학년 이하 저학년 때 담배를 피웠다는 응
답도 무려 12.5%가 됩니다. 흡연의 연령이 초등학교
저학년으로 낮아지고 있으며 남녀 중학생들까지 교
복을 버젓이 입고 길거리에서 담배피우고 흡연하고
있는 아들 같은 청소년에게 훈계하다 얻어맞는 일은
청소년의 도덕성을 말해주고 있습니다. 특히 청소년
흡연은 비정상적인 교우관계에서 탈선과 비행의 연

결고리를 차단치 못하는 것으로 이는 청소년 강력범죄와 엽기적인 범죄행위로 이어지는 점입니다. 심각한 청소년흡연문제를 혼자 힘으로 벗어나기에는 너무나도 힘겹다며 누군가가 도와주기를 호소하고 있습니다. 성인이 되기 위한 그들의 성장과정에서 제도적으로 시급히 해결해야 할 국가적인 문제입니다

2) 흡연은 60여 종의 발암물질과 4,000여 종의 독성물질로 또한 담배 연기에 간접적으로 노출되었던 사람들도 심장마비와 불안정 협심증 급성관상동맥질환의 위험성을 안고 있으며 청소년기의 흡연 유해성은 폐암 발생률을 23배나 증가시키고 인간의 수명을 10년 이상 단축시키며 정자 기형을 유발하여 2세에 나쁜 유전형질을 물려줄 수 있다고 의학계에서 경고 하고 있습니다. 청소년은 아직 완전히 성숙하지 않은 상태에서 성장기의 청소년들은 신경세포, 조직, 장기들이 미숙하기 때문에 질병에 걸릴 확률이 성인의 경우보다 27배 높습니다. 한국은 흡연으로 인한 사회경제적 비용은 담배세수가 2조

4,479억 원 인데 비해 흡연으로 인한 인적유해성 피해가 약 네 배가 되는 9조원이 되고 있는 국가경쟁력을 약화시키고 있습니다.

※ 최근에 청소년 결핵환자 발생이 늘어나고 있는 추세는 흡연과 절대 무관하지 않습니다. 결핵은 법정 전염병입니다. 결핵균이 가장 많이 침범하는 부위가 폐이며 이곳으로부터 인체 여러 장기에 오염시키므로 청소년들이 때로는 어두운 곳에서 삼삼오오 모여 게릴라식 볶음담배하며 담배 한 개 피를 번갈아가며 가슴 깊숙이 양껏 힘차게 빨아 당기는 결정적인 요인이기도 하며 보건소에서 실시하는 결핵검사에서 양성반응자에 대한 대책이 전무함이 또한 현실입니다.

3) 대부분 청소년의 흡연 장소로 후미진 골목, 놀이터, 빌딩옥상, 공중화장실, 빈집, 신축 중인아파트 건물, 또는 지하실계단에서 흡연하는 등 대중의 감독사각지대에서 노출되고 있습니다. 특히 아들 같은 학생에게 흡연하는 것을 목격하고 훈계하다가 얻어맞는 일은 상상 할 수 없는 슬픈 모습을 단면으로 보여주고 있다는 것은 참으로 안타깝고 부끄러운 일들이

우리주변에서 빈번하게 일어나고 있습니다. 이제는 청소년들이 무섭다고 하는 사회분위기와 학교에서도 흡연하는 학생을 단속 할 수 없다고 교사들 조차 하소연 하는 실정으로 그들은 이미 중학교 또는 초등학교 때부터 상습적 흡연을 해 왔기 때문에 단속을 한들 오히려 부작용만 초래(간섭치 아니하면 편하다·용기 있는 흡연단속 교사의 감소)한다고 할 정도면 심각한 수준에 이르고 있습니다. 이러한 시점에서 우리의 청소년들이 정신적 육체적 영적으로도 건전한 인격체로 성장할 수 있도록 그들의 생명권 보호를 위한 정책적 청원을 하고자합니다.

가족, 학교에서의
5감사 쓰기

요즘 학교 안에서나 밖에서나 학생들과 관련된 제일 큰 화두는 아무래도 학교폭력이 아닌가 싶다. 하루가 멀다 하고 일어나는 학생간의 폭력, 왕따, 자살 등의 소식은 우리를 몹시 안타깝게 합니다.

이러한 일들은 물질만능주의 사회에서 타인의 아픔에 공감할 줄 모르고, 자신이 가진 것에 대해 감사할 줄 모르고 더 많은 것을 원하는 잘못된 인성에서 비롯되었다고 볼 수 있을 것입니다. 타인의 감정에 공감하고, 비뚤어진 인성을 바로잡기 위해서는 무엇보다도 불평, 불만보다는 감사하는 마음, 타인의 문제해결에 도움이 될 수 있는 일을 늘 실천함으로써 얻을 수 있는 자존감 회복이 선행되어야 할 것입니다.

이러한 실정에서 본 회에서는 가정과 학교에 감사

운동을 전개하여 가족들이 서로에게 감사하고, 나아가 학교에서는 학생들이 서로 감사하며 타인의 문제에도 역지사지의 자세로 관심을 가짐으로써 바람직한 인성 함양과 실천을 함으로써 학교폭력과 자살이 없는 행복한 가족, 행복한 학교, 행복한 문화가 꽃피는 희망의 새 시대를 열어가고자 합니다.

사랑하는 아들에게 보내는 5감사(예시)

1	슈퍼에 갔을 때나, 무거운 짐이 있으면 아빠, 엄마를 도와준다고 먼저 들어줘서 고맙다. 네가 그럴 때면 내가 아들을 참 잘 키웠다고 스스로 만족한단다. 고맙다.
2	엄마가 밥 차릴 때 숟가락, 젓가락 차려주고 가끔씩 청소도 도와주고, 우리 집 음식쓰레기를 정리하는 당번을 해주어서 항상 고맙다.
3	요즈음 왕따나 친구를 괴롭히는 일들이 많은데... 너는 즐겁게 학교생활을 하고 모두와 잘 어울려줘서 엄마는 정말로 기쁘다.
4	너는 아무리 아파도 밥 잘 먹고 약 한 첩 먹으면 벌떡 일어나서 학교에 가고 튼튼하게 자라줘서 고맙다.
5	엄마, 아빠가 피곤해서 늦잠을 잤을 때 네가 동생에게 밥을 먹여 놓았더구나! 참으로 고마웠다.

사랑하는 아내에게 보내는 5감사(예시)

1	점하나 차이로 님 또는 남으로 달라지는 울고 웃는 우리 인생사의 노랫말이 있듯 행복하게 웃으면서 살아준 당신에게 감사합니다.
2	자식들 앞에서는 부부 싸움 하지 말고 친정이나 시댁의 불만은 말하지 말자고 약속하고 지켜준 현명한 당신에게 감사합니다.
3	철없던 어린 애들 앞에서 아버지의 위상을 높여주고 존경심을 키워 주려고 애쓴 깊은 마음 씀씀이에 감사합니다.
4	사람이 뭔가 허점이 있어야 인간미가 있고 각박하지 않고 재미도 있다 했듯이. 현명한 당신도 실수를 하니 더 사랑스러운 마음이 들어 감사합니다.
5	이룬 것은 많지 않고 앞으로 이룰 것이 많은 가운데 살아온 세월... 그 세월 동안 당신과 가족이 있어 행복합니다. 그리고 감사합니다.

내 손안의 학교운영위원회 활용방안

전국 초, 중, 고 11,555학교 학부모 및 운영위원들 상호간 소통과 교육정보 기능, 운영위원 연수기능 등 필요한 정보를 실시간 지원함으로써 학교의 자율경영 역량을 높이고자 함

1. 필요성

학교별 학부모와 운영위원들 상호간 소통이 필요하고, 학부모들이 자녀교육을 하는데 필요한 교육관련 정보지원으로 학부모 역량 증대가 요구되고, 현재 및 예비 운영위원이 손안에서 언제, 어느 때나 학교운영위원회에 대한 정보를 얻고, 활용할 수 있는 지원 체계가 필요함

2. 사업 개요

- 사업명 : 내 손안의 학교운영위원회
- 대상 : 전국 초,중,고등 학교운영위원회
- 비용 : 전액 무상으로 앱(애플리케이션)지원
- 주최 : (사)전국학교운영위원연합회, 시·도 연합회
- 후원 : 전국 17개 시·도 교육청(협의)

3. 기대 효과

- 각 학교의 학부모님들이 함께 참여함으로써 상호
  간 소통에 기여
- 학부모에게 필요한 자녀 교육정보 획득으로 학부
  모 역량 강화
- 비효율적 집체 연수교육을 극복하고, 운영위원 직
  무의 전문성 향상

4. 활용 계획

- 학부모 상호간 정보교류 및 소통으로 교육발전과
  인재육성에 기여
- 교육부와 17개 교육청의 정책들을 공지사항으로

지원함으로써 학부모, 운영위원들에게 기본적 교육정책을 홍보

− 학부모와 학교운영위원에 관련된 사항을 실시간 지원하여 유익한 정보를 획득하고 활용 할 수 있도록 지속적 지원

학교운영위원회 앱 구성도

앱 설치 후 보이는 화면 구성도

회원가입 후 들어가면 가입 학교 이름이 자동적으로 화면에 나타남

운영위원 연수기능 담당

학교별 가입자간 의사소통을 할 수 있는 기능

학부모님들이 필요한 교육, 진로, 안전, 생활 등에 대한 정보 제공

간략한 공지, 안내 메시지

교육부, 17개 교육청, 학교운영에 필요한 정보 제공

운영위원 길잡이

10	학교급식에 관한 사항
9	대학입학 특별전형 중 학교장 추천에 관한 사항
8	학교운동부의 구성, 운용에 관한 사항
7	학교운영에 데한 제안 및 건의사항
6	학생지도를 위한 지원 사항
5	수학여행 및 학생야영, 수련활동 등 학부모가 경비를 부담하는 사항
4	지역사회 교육에 관한 사항
3	평생교육 프로그램 설치, 운영에 관한 사항
2	학교법인 개방임원의 추천
1	학교발전기금의 조성, 운용 및 사용에 관한 사항

03. 학교운영위원회는 무슨 일을 하나요?

10	학교운영위원회 구성
9	운영위원 자격 및 임기
8	운영위원 권한과 의무
7	운영위원 점수 및 구성비율
6	학교운영위원회 구성 절차
5	잘못된 운영위원 선출 사례
4	학부모위원 선출
3	교육위원 선출

06. 학교운영위원회의 법규 모음

5	학교운영위원회 관리법 및 시행령
4	17개 시도 학교운영위원회 관련 조례
3	학교운영위원회 규정(예시안)
2	학교운영위원회 회의운영 규정(예시안)
1	학교운영위원회 성격과 효력(예시안)

07. 학교운영위원회의 서식 모음

4	학교운영위원회 구성
3	학부모위원 선출
2	교원위원 선출
1	운영위원장 및 부위원장 선출

'내 손안의 학교운영위원회' 앱 설치, 활용 안내문(안)

　항상 자녀교육에 보내주신 관심과 열의에 감사드리며, 가정에 항상 행복이 가득하시길 기원 드립니다.

　안내드릴 사항은 우리 학교의 학부모, 운영위원, 교원들 상호간 소통을 높이기 위한 ①BAND(게시판, 채팅, 갤러리)기능과 ②교육정보(교육부, 17개 시도교육청, 학교운영 정보) 제공기능, 각각의 학부모에게 필요한 ③학부모 정보(학습, 진로, 안전, 생활, 코칭 등)제공 및 현재 및 예비 ④학교운영위원들의 연수 기능 ⑤학교홈페이지 연동기능 등 학부모와의 원활한 소통과 교육정보 지원을 위한 스마트폰 앱(애플리케이션)을 무상으로 보급하고 있습니다.

　학부모님들께서 많이 설치, 활용하여 학교 참여와 소통, 교육정보 등을 획득하는데 도움이 되길 희망합니다.

2013년 7월

○○○○학교장 드림

설치 방법

앱 설치 후 보이는 화면 구성도

- 회원가입 후 들어가면 가입 학교 이름이 자동적으로 화면에 나타남
- 운영위원 심의, 자문 연수 자료 탑재 (500페이지 분량)
- 학교별 가입자간 의사 소통을 할 수 있는 기능
- 학부모님들이 필요한 교육, 진로, 안전, 생활 등에 대한 정보 제공
- 간략한 공지, 안내 메시지
- 교육부, 17개 교육청, 학교운영에 필요한 정보 제공

1. 안드로이드 스마트폰(겔럭시 등)에 설치되어 있는 『Play스토어』 앱 터치
2. 검색창 터치 → 검색창에 '학운위' 입력 후 검색하면 '학교운영위원회 앱'이 나타남 → 설치 누름.
3. 나타난 '학교운영위원회 앱'을 터치하고 회원가입을 누름 → 약관 동의 후 휴대번호(중복확인) → 성명입력, 지역선택, 학교명을 입력함
4. 회원분류 시 각 개인이 해당하는 란을 설정하고 가입확인을 누르면 설치 완료 → 로그인하여 사용

저자소개

송인정

- ■ 학력
  - ▶ 경북 경산중앙초, 경산중학교 졸업
  - ▶ 대구 덕원고등학교 졸업
  - ▶ 경북대학교 대학원 박사과정 수료(행정학)
  - ▶ 경북대학교, 대학원 졸업-학사, 석사(행정학)

- ■ 저서 등
  - ▶ 명품 학교운영위원회 길잡이(공저)
  - ▶ 신 학교운영위원 길잡이(공저)
  - ▶ 내 손안의 학교운영위원회 앱 콘텐츠 개발

■ 학생, 학부모 중심 활동

▶ 현) 사단법인 전국학교운영위원연합회 회장

한국학부모총연합 회장

결식학생돕기후원회 회장

전국청소년지도자협회 이사장

다문화드림단 총재

한국청소년독도수호단 총재

풍양중학교 운영위원장

▶ 전) 대구용지초등학교 운영위원장

대구수성구초등학교 운영위원장 협의회 회장

대구초,중,고등학교 운영위원장 협의회 사무총장

대구초,중,고등학교 운영위원장 협의회 회장

서울도성초등학교 운영위원장

전국학교운영위원회 총연합회 회장

교육과학기술부 : 국가교육과정개선 자문위원회 위원

교육과학기술부 : 학부모정책 자문위원회 위원

식품의약안전청 : 나트륨줄이기운동 위원

청소년 국제영화제 조직위원회 자문위원

대구~경북 20개 시·군 : 도농교류협력단 운영(6년)

교원평가제 실시를 위한 범학부모연대 대표

청소년 금연법 제정(40만명 서명) 추진위원장

국제청소년(26개국) 문화교류, 바다평화의 날 조직위원장

서울, 부산, 대구, 경북 등 전국 학부모, 운영위원

연수강연

월간학부모 발행인

■ 공무원 근무

▶ 89년(23세) 고시합격 및 총무처, 내무부 수습

▶ 현) 청관회(행시33, 외시24, 기시25 동기회) 대표
  전) 외국주재관(미국 뉴욕) 근무 2년

▶ 경상북도청 유통특작과 농산물시장계장

▶ 경상북도 우루과이라운드 대책 부단장

▶ 경상북도 도민교육원 영농교육과장

■ 군복무 관련 활동

▶ 고시합격자는 현역장교로 근무(육군학사장교와 함께
  훈련)

▶ 해군 장교(정훈병과)로 임관

▶ 해병 제1사단 정훈관, 공보관 근무

▶ 해군본부 정훈감실 정신전력연구관 근무

▶ 육군학사장교 19기 동기회 회장 역임

박근혜 대통령 후보 : 교육정책 상임고문

18대 대통령선거 새누리당 박근혜 후보 중앙선거대책위원회
직능총괄본부 특별직능본부 교육정책위원회